AF276648

ACCESO GRATIS a la Lectura en la Nube

Para visualizar el libro electrónico en la nube de lectura envíe junto a su nombre y apellidos una fotografía del código de barras situado en la contraportada del libro y otra del ticket de compra a la dirección:

ebooktirant@tirant.com

En un máximo de 72 horas laborales le enviaremos el código de acceso con sus instrucciones.

LA STARTUP

LA STARTUP

VÍCTOR MANUEL GARRIDO DE PALMA

Notario honorario de Madrid

tirant lo blanch

Valencia, 2026

Dentro del control de los originales de libros de la colección Teoría de la Editorial Tirant lo Blanch, hemos establecido, además de los protocolos editoriales habituales, el sometimiento de estos a revisión ex ante por parte de dos pares académicos expertos. Este procedimiento redunda en la idoneidad de las obras que finalmente serán publicadas.

© TIRANT LO BLANCH
EDITA: TIRANT LO BLANCH
C/ Artes Gráficas, 14 - 46010 - Valencia
TELFS.: 96/361 00 48 - 50
FAX: 96/369 41 51
Email:tlb@tirant.com
www.tirant.com
Librería virtual: www.tirant.es
DEPÓSITO LEGAL: V-4923-2025
ISBN: 979-13-7021-344-2

Si tiene alguna queja o sugerencia, envíenos un mail a: *atencioncliente@tirant.com*. En caso de no ser atendida su sugerencia, por favor, lea en *www.tirant.net/index.php/empresa/politicas-de-empresa* nuestro procedimiento de quejas.

Responsabilidad Social Corporativa: http://www.tirant.net/Docs/RSCTirant.pdf

Sumario

Introducción ¿Qué capitalismo queremos? 13

   I. La realidad empresarial. Emprendimiento. Innovación 17

  II. El ecosistema emprendedor. ¡Europa, muy atrás! ¿Por qué? 23

 III. Qué hay de la startup legalmente hablando 27

 IV. El socio Fundador de la startup 29

  V. El pacto de los socios fundadores ("Co-funder Agreement") 31

 VI. La inversión. El socio Inversor 35

VII. El desarrollo de la startup. Fases. Valoración. Financiación . 37

VIII. Los Pactos de Socios 41

 IX. Los pactos de Organización 45

  X. Los pactos de Relación 49

 XI. Los pactos de Atribución 71

XII. La salida a Bolsa con finalidad de financiación 77

XIII. La salida liquidatoria. El fracaso de la startup.¿Qué dice el
derecho concursal español? 79

XIV. La eficacia de los pactos de socios. Su eficiencia 81

 XV. La startup, motor de la economía 93

XVI. Un final sin final 95

Bibliografía específica 97

Un inicio impetuoso

Cuando el presente estudio tomaba cuerpo siguen, lógicamente, apareciendo aspectos reveladores de la importancia de la figura, lo que me lleva a realizar esta preintroducción:

«Con más de 12.000 "Startups", 400 "Scaleups" y 300 "Incubadoras" el ecosistema español es el segundo que más crece en Europa en el área de la innovación. Sin embargo, seguimos con la costumbre de medir nuestro "éxito" comparándonos con Reino Unido o Francia, como si su peso económico o su número de "unicornios" fueran los únicos indicadores válidos para valorar el estado de nuestra innovación. Actualmente, 18 de los 98 "unicornios" europeos son españoles, una cantidad modesta si se compara con países como Alemania, pero notable si tenemos en cuenta que España no es, ni ha sido nunca, un entorno sencillo para emprender. A diferencia de otros países, como EEUU, la cultura del riesgo no está tan arraigada, la financiación no fluye con la misma facilidad y muchas veces el propio entorno institucional juega más en contra que a favor y aun así es el segundo ecosistema que más creció en 2024 en Europa. Entonces, ¿por qué seguimos infravalorándolo?

Un error constante es medir y valorar la salud del ecosistema contabilizando y fijándonos solo en los "unicornios". Esta visión limitada omite valorar cómo durante estos últimos años hemos vivido una auténtica explosión de "Startups" que demuestran que hay talento, ideas y proyectos con recorrido que, lamentablemente, permanecen en la sombra porque no han levantado rondas millonarias. Otro error habitual es pensar que solamente pueden escalar y ser exitosas aquellas empresas capaces de cerrar una gran ronda de inversión. Un criterio poco sensato que simplifica una realidad mucho más compleja. Algunas de las mejores "Startups" como Typerform, no han necesitado una gran financiación para alcanzar un crecimiento sostenible. Es cierto que todo depende del ámbito en el que opere, pues hay sectores que requieren una mayor financiación que otros, pero no todas las "Startups" pueden, ni deben, seguir el mismo camino.

Emprender es un riesgo y muchos proyectos no acaban de solidificarse, pero nunca podemos hablar de fracaso. Emprender en sí ya es un acto de valentía. Empezar algo desde cero, sin garantías, con recursos escasos y mucha incertidumbre no es fácil. Hay factores externos —regulatorios, de mercado, incluso culturales— que muchas veces determinan el riesgo de un proyecto más que la propia calidad de la idea o del equipo. Por eso, culpar siempre a la mala gestión es injusto.

Lo que verdaderamente marca la diferencia en una "Startup" son las personas que están detrás: los fundadores pues son ellos los encargados de tomar decisiones estratégicas, decidir cuándo pivotar, cuando acelerar o cuándo parar. Y si algo valoran de verdad los inversores y el ecosistema es esa visión, esa capacidad de gestión responsable, ambiciosa, pero sensata. No se trata de perseguir "unicornios" a toda costa, sino de construir empresas rentables, sostenibles y con sentido.

España tiene mucho que decir en el mapa Europeo del emprendimiento. No sólo por el número de "Startups" que genera, sino por el tiempo de proyectos que está impulsando y los fundadores que atrae. En un país donde emprender aún no es la opción mayoritaria para muchos jóvenes, que tengamos miles de "Startups" activas y decenas que han conseguido escalar a nivel internacional es un síntoma claro de que algo está cambiando. Ahora solo falta que empecemos a contarlo de otra manera».

KATE CORNELL

ABREVIATURAS

A.V.	Autonomía de la Voluntad
CA	Consejo de Administración
C.C	Código Civil
CdeCo	Código de Comercio
C.E	Comisión Europea
DGSJFP	Dirección General de Seguridad Jurídica y Fe Pública
D&O	Directors and officer
EBITDA	Earnings Before Interest, Taxes, Depreciation, and Amortization
ECR	Entidades de Capital Riesgo
EE	Empresa Emergente
IP&IT	Intellectual Property and Information Technology
LC	Ley de Capitales
LEC	Ley de enjuiciamiento civil
LH	Ley Hipotecaria
LIS	Ley del Impuesto de Sociedades
LME	Ley de Modificaciones Estructurales
LP	Liquidation preference
LPI	Ley de propiedad intelectual.
LSC	Ley de Sociedades de Capital
FEEE	Fomento Ecosistema Empresas Emergentes
J.F.	Junta de Fundadores
J.G.	Junta General
M&A	Mergers and Acquisitions

O.A	Órgano de Administración
OPV	Oferta Pública de Ventas
RDLME	Real Decreto-Ley de Modificaciones Estructurales
Res.DGSJFP	Resolución Dirección General Seguridad Jurídica Fe Pública
RRM	Reglamento Registro Mercantil
S./s.	Sociedad
S.A	Sociedad Anónima
S.C	Sociedad Colectiva
S.Ci	Sociedad Civil
S.Cm.A	Sociedad Comanditaria por acciones
S.Coo	Sociedad Cooperativa
S.F.	Socios fundadores
SOCIMI	Sociedad Anónima Cotizada de Inversión Inmobiliaria
SRL/ SL	Sociedad Limitada
STS	Sentencia del Tribunal Supremo
TSJ	Tribunal Superior de Justicia.

Introducción
¿Qué capitalismo queremos?

En 1567 unos mercaderes españoles que vivían en Amberes preguntaron al teólogo Francisco de Vitoria (que enseñaba en la Sorbona), si era normal y conforme a la religión católica comerciar para ganar dinero: "existe un orden natural legitimador de la propiedad y el intercambio, lo que contribuye a la riqueza de los pueblos". Aquí —afirma Guy SORMAN[1]— están los cimientos de la ciencia económica. Este derecho natural es el fundamento del desarrollo económico.

Luis DE MOLINA puso énfasis en lo anterior y la Escuela de Salamanca fue el aglutinante de lo apuntado, pero su olvido ha hecho que la paternidad de la ciencia económica se atribuya a Adam Smith[2][3]. ¿Por qué esta ciencia, tal como se ha creado, recreado y evolucionado Vitoria, Luis de Molina, Adam Smith, Schumpeter o Milton Friedman, Jean Baptiste Say en Francia, es habitualmente

---

[1] "Volver a Salamanca". Diario ABC.5-V-2025.

[2] "La riqueza de las naciones".1796. Ha resultado insuficiente "la mano invisible del mercado". El Estado tiene un papel secundario, además siempre que vele por el bien común y atienda especialmente a los más vulnerables. Pero afirma A. MAC INTYRE: el Estado moderno es una máquina burocrática desvinculada del bien común. La moralidad exige costumbres virtuosas y solo hay moralidad donde hay virtud y armonía en lo común, y como estamos en tiempos cínicos hay que buscar urgentemente nuevos "San Benitos". Acaba de fallecer a los 96 años (marxista de joven, se convirtió al catolicismo cumplidos los cincuenta y es el filósofo de la moralidad de las costumbres virtuosas.)

[3] HAYEK: "Los principios teóricos de la economía de mercado y los elementos básicos del liberalismo económico no fueron diseñados por los economistas escoceses. Fue durante el Siglo de Oro español por los miembros de la Escuela de Salamanca" (recepción del Nobel de Economía en 1975 y con motivo del homenaje a Juan de Mariana). "Una nueva ética para el liberalismo económico". Luis I LEACH ROS "Alfa y Omega" 21-II-2025.

F. VON HAYEK es autor de "La fatal arrogancia" y "Camino de Servidumbre"

descalificada como ciencia e incluso sustituida por ideologías antiliberales? Para SORMAN se debe a dos factores: el paso del tiempo sin aparente mejoría y el exceso de igualitarismo. La economía necesita su tiempo, pero el ciudadano se impacienta y los gobiernos intervienen, el resultado suele ser una inflación descontrolada. ¿Y el igualitarismo? Es la otra razón que se aduce para rechazar todo avance que se base en los principios de índole económica: el desarrollo económico, si se basa en la Escuela de Salamanca y en los que le han seguido, beneficia al pueblo en su conjunto, pero la persona en su individualidad si pasa el tiempo y "no veo que mejore mi vida" … los gobiernos intervienen, pretenden redistribuir la riqueza, pero ¿hasta dónde? Si se pasan del umbral adecuado llega un momento en que el espíritu emprendedor se hunde. Y es que hay que lograr el umbral de equilibrio y tratar de mantenerlo: el equilibrio entre el imperativo de un desarrollo basado en la libertad empresarial y la exigencia política de garantizar la justicia social adecuada es lo idóneo.

La pregunta de la Introducción, lanzada en el Foro Económico de Davos en 2019, se puede contestar así: no se trata del capitalismo que queremos, se trata del que debemos tener.

Los países fracasan, dicen Acemoglu y J. Robinson —Nobel de Economía 2024— por carecer de instituciones inclusivas, de un ordenamiento que dote de seguridad a personas y a empresas (lo que enlaza resaltando la importancia del capital humano y de la inversión en innovación; que es el enfoque de G. BECKER) y se completa con la propuesta de F. VON HAYEK: "para que occidente siga prevaleciendo ha de realizarse de forma efectiva la creencia en la espiritualidad (no materialismo), proteger la propiedad privada y la familia. Son los pilares que consolidan la preponderancia del mundo occidental". Todo ello ahormando el sistema capitalista a considerar como el adecuado siempre que exista la responsabilidad social corporativa (RSC), la sostenibilidad y la justa distribución de la riqueza[4].

---

[4] La "*Rerum Novarum*", 1891, afirma el derecho a la propiedad privada y en cuanto a los trabajadores a una cierta propiedad especialmente a través del jus-

---

to salario, suficiente para ellos y sus familias. Hoy la Inteligencia Artificial, la pretendida sustitución de la persona humana, de su dignidad, de la justicia y la caridad constituyen valores puestos en duda para todos defenderlas, empezando por León XIV. Hay entidades que forman parte de la economía social: Cooperativas, Mutualidades, Fundaciones y Asociaciones, sociedades laborales, empresas de inserción, Centros especiales de empleo e iniciativa social, cofradías de pescadores, sociedades agrarias de transformación, empresas sociales, entidades singulares creadas por normas específicas.

I. La realidad empresarial. Emprendimiento. Innovación

1. SCHUMPETER: La teoría económica del emprendimiento es fundamental, al poner énfasis en la innovación de los emprendedores; ésta implica *destrucción creativa*.

Elaboró su propio sistema teórico, consciente de que la economía real es, sobre todo, variación y cambio. ¿Cuál es el comportamiento dinámico de un sistema económico hasta que alcanza y se mantiene en equilibrio?: su análisis le llevó a una valoración sorprendente del sistema económico capitalista.

La finalidad última que se propone es: el progreso técnico y económico y para ello profundiza en el proceso de *"destrucción creativa permanente del capitalismo"*.

Frente al modelo clásico de mantenimiento en el mercado de lo recibido (actividades tipo A), un nuevo modo de emplear los recursos productivos: la *innovación*. Y es que intuyó que uno de los rasgos esenciales del capitalismo es la tendencia al crecimiento. A cada innovación, una fase de crecimiento (así la época de los ferrocarriles y el acero …). El desarrollo de la sociedad tiene un eje conductor, la innovación. Innovar es lo que hacen las empresas tipo B; promueven la creación de nuevas estructuras y el fruto lo obtiene el empresario innovador, que es el único capaz de apreciar nuevas oportunidades de progreso (en ocasiones causadas por catástrofes naturales).

El *fundador* necesita financiación: al sector financiero hay que convencerle de que él no es el rutinario de siempre sino el innovador competitivo y necesita respaldo. Si lo obtiene, el resultado es mayor producción y menor costo. El aumento en el flujo de bienes y servicios que entonces circulan en el mercado hace que se obtenga mayor beneficio y pueda devolver los "créditos de innovación". En la economía capitalista la innovación es como una chispa, a veces se presenta en oleadas y superpuestas, y hay ciclos en los que escasea o es insuficiente. El sistema se desequilibra, se deprime, pero no de-be cundir el pánico, cuando la idea vuelve, se reequilibra el sistema y vuelva a fluir el crédito (habla de ondas de innovación y advierte que es necesario descubrir y retener el *talento innovador*).

SCHUMPETER tiene una idea clara: como buen observador, intuye que en el seno del capitalismo existe una fuerza interna, el ansia de "innovación", que constituye un motor del continuo y ace-lerado movimiento económico. Y califica al "empresario-innova-dor" como el genio de la lámpara[5].

Una sociedad abierta, dispuesta a favorecer el concepto de SCHUMPETER "destrucción creativa" es la clave para el desarro-llo económico, pero siempre que se esté en un auténtico Estado de Derecho (R. J. ARROW, que así deja señalado al sistema político comunista leninista de China)[6].

2. Silicon Valley sabe de las empresas emprendedoras: a prin-cipios de los años setenta emerge un "ecosistema", un modelo de negocio como medio de creación de riqueza en el que la electró-nica, internet, el sector tecnológico dentro de la sociedad de la in-

---

[5]   "Capitalismo, Socialismo y Democracia". Traducido al castellano. 2 volúme-nes.
¿Existen los talentos completos? cinco condiciones lo integran: facultades de captación; distinguir lo importante de lo accesorio, lo superficial; buena memoria para retener lo importante; capacidad para extraer de la memoria, en el momento preciso, el dato necesario y la energía para no desviarse de lo importante, ir rectamente a lo que interesa. J. FERNÁNDEZ CASTRO. "Biografía de Alejandro OTERO". 1981 pág. 167.

[6]   El *tempo* de la economía y sus normas propias, deben respetarse. Cuando la I Revolución Industrial empezó a dar fruto (la economía de mercado) la Comu-na de París, sangrientamente fracasada, tenía a la tendencia revolucionaria o comunista constantemente derrotada por la sindical o reformista: ésta recono-cía no cerrar los ojos a realidades que ya empezaban a borrar miseria y crear riquezas procedentes de la incipiente economía de mercado. Se descartó radi-calmente: en 1917, Lenin impone lo que Marx consideraba que había faltado en la Comuna, un terror a lo "Robespierre", pero rojo o de clase.

formación son elementos clave. Una nueva revolución industrial[7]. Europa entre EEUU y China, con un futuro incierto por su falta de competitividad y exceso de burocracia. Y están Japón, Corea del Sur e Israel. La lucha por el "Made in …".

3. ¿Se está en condiciones de definir la STARTUP? ("arranque, empresa emergente"), suma y compendio de I+D+I. Estamos ante un modelo de negocio organizado empresarialmente, gestión profesional y sencilla ("sin grasa"), de carácter temporal, repetible y escalable, para crear un nuevo producto o servicio, al menor coste y la mayor eficiencia posible, en condiciones de incertidumbre y con la innovación por bandera. Y en cuanto hablamos de *innovación*, es factible dar un paso más y definir la Startup así: "una organización empresarial, de carácter temporal, que busca un modelo de negocio repetible y escalable, para crear un nuevo producto o servicio y con la innovación como factor diferencial". Precisemos por último que —habla Schumpeter— *la innovación* incluye: la creación de nuevos bienes y servicios o nuevas categorías de bienes y servicios, la creación de nuevos medios de producción, la apertura de nuevos mercados, la captura de nuevas fuentes de suministros y el establecimiento de una nueva organización de la industria (por ej. la creación o la destrucción de un monopolio).

4. ¿Alguien más?: DRUCKER, el genio del *"management"*. Empieza preguntándose, ¿no es el beneficio mayor posible el fin de la

---

[7]   Meta, Google y Amazon tienen un valor que supera el PIB de varios países. Concentran tanto poder que influyen en la opinión pública y los gobiernos: la irrupción de la IA generativa necesita adecuada regulación para que esté al servicio de la sociedad. "Frenar a Silicon Valley". Marcus (GARY) SHACK: 2025. ¿No se olvida algo respecto a la INNOVACIÓN? LEGO, APPLE (Steve Jobs), Walt Disney Company, ya sin Walt) constituyen ejemplos de que desarrollando o adquiriendo innovaciones complementarias en torno a sus productos principales triunfaron (si lo hizo, por ej., el iPhone y el iPad, han sido porque surgieron de las innovaciones complementarias que Apple aplicó entre 1997 y 2007). "Maestros del Tercer Camino", los consideran D. ROBERTSON y K. LINEBACK en "El poder de las pequeñas ideas" PROFIT, 2019.

Víctor Manuel Garrido de Palma

empresa? No lo es. Es tratar de ser competitivo, no tanto en los precios cuánto en la eficacia, para triunfar en determinados sectores económicos; formar grupos de investigación de alta calidad, acumulando conocimientos y medios nuevos, aumentando su potencial de creación, inventando otros productos y abriendo nuevos mercados. El innovador tiene que tener en cuenta en sus decisiones las siguientes recomendaciones[8]: primero, analizar las oportunidades con realismo (podría decirse, a bote de pronto: la realidad de la okupación, el riesgo de una nueva DANA[9], las renovables, el aprovechamiento asequible de la energía solar). Luego, centrarse en algo simple, sencillo, que a nadie se le ha ocurrido pero que podría habérsele ocurrido a cualquiera: el tranvía, recuerda cómo Suecia ha tenido el monopolio mundial de los fósforos (en su cajita de cincuenta); "ligero de equipaje", lo que los japoneses dicen "sin grasa"; poco dinero, mercado limitado y que "el último que salga que apague la luz"; buscar el nicho de mercado, el rincón ecológico adecuado, como un zahorí del siglo XXI. Hay que aspirar a ser líder en lo que se centra, desde el primer momento (ya sea para innovar el cortaúñas, la cremallera, la fregona, …) y los demás que tengan que limitarse a copiar (el "modelo de utilidad", es una *copian-*

---

[8]   "Drucker Esencial". Edhersa, 2003, págs. 219 a 225. A. WILLIAN COHEN "En clase con DUCKER", Ed. Granica 2008.

No cita DRUCKER el aire acondicionado y no puede ser más actual —la cita está tomada del Dominical de ABC de 13-VII-2025— extraigo que el que inventó el aire acondicionado, CARRIER, inventó en los años treinta el "multiplicador de catarros". Y es que no basta con el ventilador, sobre todo si la temperatura supera los 40°. ¿Y al menos no se merece una mención nuestro botijo: con su pitorro para beber y su boca superior para llenar? Enfría el agua sin necesidad de frío artificial. Recipiente de barro moldeado por manos artesanas ¡Cuántas gargantas sedientas y enardecidos estómagos reciben un chorrito refrescante! Te lleven o no al Rocío, merecen un OLÉ.

[9]   El premio Fronteras del Conocimiento ha reconocido las ideas del español Carlos Duarte, así como destaca el trabajo de Günter Blanch por su descubrimiento del potencial de los océanos para captar CO_2. Ha creado un modelo con el que el 95,5% de las inundaciones acaecidas en Europa, como la DANA que asoló Valencia, podrían haberse previsto teniendo en cuenta la información de fuertes lluvias en otras partes del continente.

da del extranjero —LACRUZ—). En definitiva: "inspiración uno por ciento, noventa y nueve por ciento, transpiración" (Edison). Constancia y dedicación. Y remata Drucker: "el futuro no puedes predecirlo, pero intenta crear el tuyo" (varios ejemplos, entre ellos el de Madonna).

Termino con una expresión acertada del genial vienés: al lado de la innovación hay que considerar la *imitación creativa*: imita pero a la vez crea, así IBM al reestructurar la "Eniac riud" en 1945, o la japonesa Hattori que, mientras los suizos se durmieron, desarrolló el reloj digital de cuarzo, el Seiko, el más vendido del mundo, desplazando a aquellos del número uno del ranking[10]. Y en cuanto a la Familia Empresaria dejó para la posteridad que "hay que posibilitar la sucesión familiar porque es de interés público", apoyarla y en lo posible que continúe y prospere, pero no lo hará si la Familia no sirve a la Empresa, partiendo de que hay que aceptar las cuatro reglas de la gestión de las que destaca la profesionalización. En definitiva, es determinante: "la Empresa Familiar no debe ser Familiar, ante todo tiene que ser Empresa"[11].

---

[10]   El agua: Vallada (Valencia), un secarral: aquí hay agua, decía un zahorí; después de mucho profundizar brotó hacia el cielo con la fuerza y la intensidad del petróleo que cubría a James Dean en la película "Gigante"(narración de mi tío Federico Garrido, carnicero de la población). Necesita España zahorís que profundicen en lo que hagan.

[11]   Op. cit., pág. 491.

II. El ecosistema emprendedor. ¡Europa, muy atrás! ¿Por qué?

Se entiende por Ecosistema Emprendedor "el conjunto de elementos individuales que apropiadamente combinados y apoyados conforman un entorno óptimo para la innovación" (EISENBERG). Es lo que ha logrado EEUU, su éxito es multifactorial.

Europa está muy rezagada: el número de Startup y el de "Unicornios" (Startups valoradas en más de mil millones de dólares, sin salir a Bolsa), no tiene parangón. En España sobran dedos de una mano (por comparar, Israel con 3 millones de habitantes cuenta con 22 unicornios).

1. ¿Las causas?: la fragmentación del mercado (y Gran Bretaña privilegiada por los EEUU); la aversión al riesgo, lo que hace que la financiación sea escasa y tardía; la cultura: el ecosistema emprendedor es clave y la contemplación social del emprendedor, su imagen, es muy diferente a la de EEUU (en España, ¿cuál es la política gubernamental *real* respecto a la empresa, el emprendimiento, la innovación?)[12],[13].

---

[12]   Gracias al sol, al viento y al agua, España podría garantizarse una autonomía estratégica en energía limpia, reforzar su modelo económico, mejorar la competitividad de su industria, atraer industrias foráneas y avanzar decididamente en la reindustrialización verde y digital que marcan los tiempos. El poder subirse al tren de la nueva revolución industrial o quedarse en la estación, viendo como pasan de largo las inversiones hacia destinos más previsores. (Miguel Marín, ABC 18-VI-2025). Lo dice a causa de los "créditos naturaleza" que Bruselas ha puesto en marcha para estimular la financiación privada y es que "hay que cuidar nuestro suelo, nuestro mar y nuestra atmósfera".
Me pregunto, ¿por qué no empezamos por prohibir el estacionamiento con el motor en marcha?, el tubo de escape abierto (hace años en Amsterdam le pedimos al conductor que pusiera el aire acondicionado, estando estacionados durante un tiempo, y contestó ¿quién paga la multa?

[13]   Estamos liderando el paro. Un empobrecimiento general (J. MULLER. ABC 2-VI-2005) ¿Son las cuatro libertades: la de los bienes, servicios, capital y

Para rematar, resaltamos el reciente informe LETTA-DRAGHI y los llamamientos de la presidenta de la CEE y la del Banco Europeo ('economía somnolienta y capital privado durmiente o huido a EEUU', 'el dinero ha de fluir aquí a las mejores ideas', constituyen toques de atención más que alarmantes). El fomento, la atención a la investigación en España sigue siendo vergonzosa: el eximio RAMÓN Y CAJAL, luego MARAÑÓN, más recientemente BARBACID y últimamente SÁNCHEZ-RON, claman por el desinterés a la investigación científica, algo endémico[14].

2. Y la ciencia jurídica española, ¿cómo está contribuyendo a la mejora del bienestar colectivo? Salvo excepciones, que las hay y significativas[15], la previsión jurídica respecto a la responsabilidad limitada, el derecho concursal pretendidamente protector de las empresas viables, la proliferación de patentes y el aumento del derecho de propiedad industrial … ha existido en diversos procesos, pero en la actualidad… Dice A. GURREA que "hay que exigir que

---

personas lo que lleva a cabo la Comunidad Europea? No, cada país pone peajes invisibles, requisitos adicionales y normas limitativas de la competencia. No hay libre comercio: el de hoy es inferior a la mitad del que se da entre los estados que forman los EEUU, con lo que Europa estará siempre detrás y cada vez más. ("El mercado único no existe", John Müller que cita a Luis Garicano. ABC, 16-V-2025).

[14] Marie CURIE transmitió a lo largo de su vida la necesidad que la ciencia tenía de financiación pública para que los científicos pudieran realizar su trabajo en condiciones dignas y sin tener que vivir preocupados por lo que comerían al día siguiente. De hecho, un par de años después de un viaje a España, se fue a EEUU para buscar la financiación que no encontraba en la Francia arrasada por la guerra."Marie CURIE". Adela Muñoz Páez. Editorial Penguin. Barcelona.2021, pág. 275.

[15] Una, y cada vez de mayor entidad, es la que causa el estudio que estoy realizando (Congreso Derecho de Sociedades, Málaga, hacia la 9ª edición y la publicación constante de estudios de investigación (el premio anual Antonio Pérez de la Cruz entre otros), de las ponencias y trabajos fruto de dichos Congresos, editados por Tirant Lo Blanch. No se olvide labores de cátedra, que conozco personalmente, como la de EMBID, HIERRO ANIBARRO, GARCIA CRUCES, QUIJANO GONZÁLEZ, entre otros.

las investigaciones jurídicas supongan un avance en el estado de la ciencia. Desgraciadamente, la ciencia jurídica española es muy poco innovadora: la mayoría de los estudios se limitan a describir los textos legales, repetir las opiniones doctrinales o la jurisprudencia existente sobre una determinada materia. Es necesario un profundo cambio en la forma de entender y realizar una investigación jurídica. De lo contrario, los profesores de universidad no solo estarán incumpliendo el compromiso social y además profesional asumido como investigadores, sino que también perjudicarán el crecimiento y competitividad de la economía española". (Lo dice el que es investigador de la universidad de Harvard)[16].

---

[16] Por último, pone de manifiesto que todo lo anterior suele afectar a la formación y opinión de todos los profesionales jurídicos… y motivos históricos, lingüísticos y culturales provocan que la formación de los juristas en España y la aplicación de las leyes en aquellos países sudamericanos de influencia hispana, la falta de innovación expuesta ha trascendido. "El Notario del Siglo XXI" abril-mayo 2017.

III. Qué hay de la startup legalmente hablando

1. El clima de negocios en España, más que mejorable, se afrontó en un escenario de crisis en una de las etapas de gobierno socialista en la que se llegó a decir, con frivolidad equívoca, aquello de "la Champions League". Desde el punto de vista normativo interesa destacar la Ley 28/2022 de 21 de diciembre, de Fomento del Ecosistema de Empresas Emergentes (FEEE).

Dicha Ley no se refiere a cualquier tipo de empresa sino a las EMERGENTES. Y las condiciones que han de cumplir para merecer tal calificación —arts. 3 y 4— constituyen una serie de requisitos totalmente excesivos y alguno sin sentido jurídico.

Cuando la empresa pertenezca a un grupo de empresas (art. 42 C.C), el grupo o cada una de las empresas que lo componen deberá cumplir los requisitos a los que acabo de referirme.

2. Los requisitos condicionantes han de ser evaluados por la Empresa Nacional de Innovación S.A (ENISA). La inscripción en el RM o en el Registro de Cooperativas "será condición necesaria y suficiente para acogerse a los beneficios y especialidades de la Ley". Al efecto ENISA emite un sello de confianza, una previa certificación de EMPRESA EMERGENTE.

La Ley se ciñe a exigir concretos requisitos para que la SRL pueda calificarse de Empresa Emergente (EE), para lo cual ha de obtener y conservar la certificación que concede ENISA. ¿Qué se ha conseguido? Que la figura de la Startup no se ajuste jurídicamente a lo que contiene esta ley, llamada "Crea y Crece". Y es que se ha configurado un subtipo de Sociedad Limitada aplicable a las EE, pero no a la Startup, la que tiene caracteres específicos y está alejada del encorsetamiento y controles sin sentido que contiene la Ley en estudio: la Startup acude a la SL o a la SA y a los Pactos Parasociales, pero queda fuera de la Ley en estudio. Actualmente, la

Startup como tal, está en el ámbito de la atipicidad legal (Esperanza GALLEGO, así como Vicente GIMENO y yo mismo)[17].

En definitiva, se constata el fracaso total de la Ley: ENISA ha declarado que en los primeros momentos se han acreditado como Empresas Emergentes algo más de 100. En Italia, más de 15.000[18].

---

[17] Prólogo a "El Pacto de socios en la Startup". De GIMENO BEVIÁ. Tirant Lo Blanch, Valencia 2024.

[18] Y es que cuando habla de la transformación, aquí la sociedad conserva su personalidad jurídica, no tiene sentido la exclusión, y en el caso de que se hubiera repartido alguna vez dividendos, tampoco es razón para excluirla. "EE fundadas o dirigidas por sí", ¿a dónde quiere ir? "O por persona interpuesta", espada de Damocles. Las expresiones que emplea: base tecnológica, innovadora, ex.art. 3.2, en conexión con el mismo art. 3 puntos 1 y 3. ¿Es confusión por falta de reposo y repaso al redactar la norma? Sin duda. Y sus clamorosas omisiones: ¿Y si la sociedad deja de ser EE? ¿Y en cuanto a la cancelación de la inscripción de los pactos de socios? ¿Y qué en cuanto a los cambios que en ellos se produzcan? Algunos de los requisitos, incomprensibles; y la doble calificación ¿Y los criterios de evaluación?: hasta nueve criterios acumulables, algunos de ellos sin sentido: "riesgos especulativos o reputacionales". Y la intervención de ENISA, control y exigencia fuera de lugar; ¿acaso no bastaría con una declaración responsable de los fundadores?

IV. El socio Fundador de la startup

1. LO PECULIAR DE LA STARTUP

Frente al emprendimiento tradicional —dice realistamente GIMENO BEVIÁ[19]— la Startup es un agente dinamizador de la economía, generador de riqueza, creador de puestos de trabajo de calidad, atrae inversión extranjera, promueve una competencia basada en la innovación y tiene un impacto positivo en el progreso de la sociedad en la medida en que sus productos o servicios tienden a la solución de problemas o cubren necesidades insatisfechas.

En la Startup, el socio fundador —*la idea innovadora*— tiene un calado distinto a lo que la normativa societaria contempla, al estar focalizada en las obligaciones y la responsabilidad frente a los socios y a los acreedores: art. 30, 31, 36, 37 y 39 LSC. No voy a detenerme aquí en el estudio del régimen legal aplicable, claro es, a todo socio fundador de la S. de C. (solo apunto que si el socio es un menor en patria potestad, pienso en el precoz adolescente fundador, "para celebrar contratos que le obliguen a realizar prestaciones personales, se requiere su consentimiento si tiene suficiente juicio (art. 162 3° párrafo segundo del CC), y desde ahora sí lo voy a hacer respecto al *derecho convencional* de los socios fundadores de la Startup, y es que el propósito que les guía en la SA o SL Startup hace que el haz de derechos y obligaciones sea diferente al sistema legal general, lo que exige resalte y tenerlo en cuenta.

---

[19] "El pacto de socios en la Startup". Tirant Lo Blanch, 2024.
Como enseña Stephen R. COVEY: "El creador es el que tiene los cuatro privilegios humanos de la imaginación, la conciencia social, la voluntad independiente y en particular la autoconciencia" «Los siete hábitos de la gente altamente efectiva » Paidós 1998, pág. 185.

2. EL SOCIO FUNDADOR PERSONA JURÍDICA

Puede serlo siempre que la persona jurídica tenga personalidad jurídica propia, y ello con independencia de su naturaleza civil o mercantil. Dejando aparte algunas particularidades, hay que resaltar que la condición del fundador no se altera si se transmiten sus cuotas y persiste en la relación laboral o de trabajo, que en definitiva es lo que importa para la continuidad de la Startup.

En cuanto a las VENTAJAS del socio fundador, a las que se refiere el art. 27 LSC y el art. 128 RRM, en sede de SA (su origen histórico, la construcción del Canal de Suez). ¿La omisión de la posibilidad de las mismas en la SL?, hoy no existe problema en considerar su posibilidad estatutaria en base a la autonomía de la voluntad. Sobre la efectividad de las ventajas del fundador, tiene en la SA las limitaciones de tiempo y cuantía del art. 27 LSC, y respecto a la SRL, —forma habitual de la mayoría de Startup—, como no existe limitación alguna, las ventajas de fundador no tienen más limite que los principios configuradores del tipo.

Por último, es factible que la labor intelectual en la Startup tenga vías más ventajosas de las que son las ventajas del fundador: el tratamiento fiscal ha sido definitivo para no acudir a los bonos o cédulas, y en la realidad la retribución de los fundadores se realiza considerando que generalmente son administradores de la sociedad, y entonces son de aplicación el art. 217 y ss. LSC.

V. El pacto de los socios fundadores ("Co-funder Agreement")

Contrato Marco que celebran los socios fundadores para regular las relaciones entre ellos en la Startup y los derechos y obligaciones que a cada uno les corresponde. *"Pacto Parasocial"*, en la terminología de Giorgio OPPO, cuyo ingenio y realismo nos ha legado lo que desde ahora voy a tener en consideración, al igual que "función del Derecho es someter la Economía a la Ética" (CARNELUTTI).

Previo al pacto de fundadores hay que dejar clara la naturaleza de las acciones o participaciones de los interesados. Profesionalmente y constato que se da con cierta frecuencia: *"hijo, si quieres formar parte de la sociedad familiar, si te casas, hazlo con separación de bienes"*.

Este tipo de consulta tiene clara respuesta, y contiene una segunda parte: "es recomendable que lo hagas así, pero no por imposición". Desde el punto de vista legal los arts. 1406 y 1407 CC (reforma, 1981), regulan el derecho de atribución preferente (es incorrecto hablar de adjudicación) y específicamente interesa el apartado 2° del 1406: "el derecho a incluir en la liquidación de la sociedad de gananciales la explotación económica que gestione efectivamente"; a *simile*, las acciones o participaciones a nombre de cada cónyuge. En definitiva, lo conveniente es, a la vista del caso concreto, la regulación convencional de la atribución preferente (distinto es el caso de los socios inversores: al perseguir la mayor rentabilidad económica posible a su aportación, el pacto protector del que en la Startup ingresa por una ronda de inversión —en aumento de capital— tiene su propia causa y razón de ser).

Para saber de qué hablo de una manera eficaz y completa transcribo, en lo esencial, el contenido del pacto de la Aceleradora *Lazarus*, que va a ser en principio la guía a seguir.

- Contrato entre los socios fundadores: Quienes han creado la sociedad o la van a constituir (los socios fundadores). De base tecnológica (en su caso).

- La Compañía tiene un capital social (tres mil euros)...número de participaciones sociales, valor nominal (socio A, B, C, D, ...).

- Estatutos, pacto de los socios fundadores, así como los pactos de socios están alineados y lo estarán con los futuros pactos de socios, para asegurar la protección del espíritu de los mismos.

- Previsión caso de existir discrepancia entre los estatutos, el pacto de socios y el presente contrato entre los socios fundadores, prevalecerá este último.

- Funcionamiento de la Startup: se establece una *Junta de Fundadores* (JF) (protección de la misión fundacional y de los intereses de los socios fundadores frente a nuevos socios). Se compone de todos los socios fundadores y exclusivamente por ellos, de entre los que se elegirá (cargos). Reuniones. Cuándo quedará válidamente constituida. Votación. A la JF se llevará: la decisión de voto de los socios fundadores en todos los asuntos a tratar en las reuniones de los órganos de gobierno. Sus decisiones por las mayorías... Caso de bloqueo, el voto del Presidente será decisivo.

- *Aportaciones* de los socios fundadores: Socio A: aporta la idea, la titularidad de los dominios, cinco meses de trabajo ya realizado sin sueldo ... y tres mil euros en efectivo. Socio B: aporta cinco mil euros en efectivo y haber dejado su puesto de trabajo en ... para dedicarse a tiempo completo a la Startup. El socio C: aporta cinco mil euros y el derecho de utilización del bajo de su vivienda sita en... durante los 36 meses siguientes desde la firma del contrato. El socio D: aporta su capital relacional, que se materializará en la consecución de al menos 3 reuniones al mes durante los 24 meses siguientes a la firma del presente contrato entre socios fundadores con personas consideradas clave por la J.F. y el cierre al menos de una operación de venta anual en el mismo período por un importe superior a los 100.000 euros cada una de ellas. Adicionalmente se compromete a estar a disposición de la compañía para las reuniones que la JF de la sociedad considere oportunas, con un máximo de 20 horas al mes y con previo aviso de quince días y siempre coordinando la fecha de la reunión de forma previa entre ambas partes.

- *Funciones y responsabilidades*: socio A, CEO. Funciones esenciales: dirección de la compañía...; socio B, CMO, dirección de marketing de la compañía; socio C..., CTO, tecnología; socio D, gestión de las finanzas CFO.

- Obligaciones de permanencia, no competencia y compromiso de dedicación: los socios A y B, en su condición de estratégicos, se obligan a ... Todos los socios fundadores se obligan a ...(especificar).

- Protección de la tecnología desarrollada.

- Sueldos y Salarios: socio A, los dos primeros años...A partir de...Socio B, C, D.

- Incentivos: plan para los primeros años. Socio A, B, ...

- A los efectos de este contrato entre socios: *concretar*.

- Política de despidos de los trabajadores de la Startup.

- *Derecho de adquisición preferente* dentro de los socios fundadores: especificar.

- *Valoración de la Startup* a efectos de compraventa por causas distintas a las previstas en el presente contrato entre los socios fundadores: *concretar* la posición idónea.

- Limitaciones a la incorporación de nuevos socios inversores: se perfila la posibilidad del inversor "con mala fama", y la del inversor "tiburón".

- Transmisión de acciones o participaciones sociales de la sociedad a un tercero: el compromiso de éste por escrito de adhesión total al presente contrato.

- Beneficios, Pérdidas y Ventajas para los socios fundadores: limitación, reinversión del ...por ciento de los beneficios; si éstos superan ... un diez por ciento irá destinado a responsabilidad social corporativa y en particular: Cáritas, Comedores... Lazarus (Fundación Caja Rural Castilla-La Mancha). Apoyo al emprendimiento. Micropréstamos a emprendedores sin intereses ni aval.

- Ventajas para los socios, fundadores o no de la Startup: poder adquirir los servicios de la empresa a precio de coste y con un diez por ciento de incremento sobre el coste si es para sus familiares o amigos.

- *Cláusula de confidencialidad* (excepciones: concretar, considerando las normas imperativas o ...). Notificaciones. Modificación de este contrato entre los socios fundadores (SF)... Acuerdo íntegro: es éste y sustituye a cualquier otro previo entre las partes.

- *Duración:* concretar.

- *Nulidad parcial o ineficacia en general o parcial:* el contrato entre socios fundadores permanecerá vigente en todo lo demás, salvo que lo nulo o ineficaz afecte, por resultar esencial a la presente inversión, al contrato entre los socios fundadores de forma integral.

  Y en prueba de conformidad se firma el presente contrato entre SF en el lugar y fecha del encabezamiento: don ... don ... don ...don ...

VI. La inversión. El socio Inversor

Cuando el inversor ingresa en la Startup los fundadores están haciendo lo que pueden para que el proyecto siga en pie, pero es necesaria la financiación por parte de los inversores, ya que el escalamiento implica la necesidad imperiosa de acudir en general al crédito formalizado. Al ingresar éstos como socios en la SA o en la SL, el Pacto Parasocial también tiene lugar, es el Pacto entre socios al que prestaré atención más adelante. En estos momentos solo adelanto que, como expone FERNÁNDEZ DE LA GÁNDARA, estamos ante una figura dotada de autonomía formal y con una identidad funcional análoga a la del ámbito fundacional de la sociedad —ambos instrumentos sirven a una misma realidad económica— pero unido a este último, desde un punto de vista estructural, por un principio de subordinación.

¿Hablamos de que "la unión hace la fuerza", de que "si existen desavenencias hay que afrontarlas cuanto antes", de que "más vale prevenir que lamentar", etc.

En las startups debido a las intensas dinámicas y el alto nivel de estrés del entorno empresarial emergente el conflicto entre socios…

Las causas: diferencias en visiones estratégicas, desequilibrios en la dedicación al proyecto, desacuerdos sobre la gestión financiera o el reparto de beneficios…

• *Prevención de conflictos* en los Pactos de socios y Acuerdos de inversión, detallar funciones y responsabilidades y proporcionar un marco legal claro de solución de controversias: hoy la Ley Orgánica de 2-5-2025, de Medidas en materia de Eficiencia del Servicio Público de Justicia (LOESPJ) pone el acento en la conciliación privada, extrajudicial.

La persona conciliadora —un profesional inscrito como ejerciente en un colegio profesional reconocido legalmente, como los colegios de abogados, de procuradores, economistas, graduados sociales, el notariado o los registradores——. El acuerdo alcanzado en un procedimiento de conciliación, para que tenga fuerza ejecutiva, ha de elevarse a escritura pública (art. 517.2.2° L.E.C.).

VII. El desarrollo de la startup. Fases. Valoración. Financiación

Nace la Startup. Crece. ¿Mengua?

Lo característico de la Startup es su crecimiento, ha de estar alimentada, esto es, financiación: en las distintas fases que vive toda sociedad innovadora, a saber, "stand up" (constitución), "Startup" (inicio de actividad) y *Scale up* (desarrollo, crecimiento) necesita dinero.

Una vez constituida la sociedad, la financiación inicial o *capital semilla* ("seed") proviene de los socios fundadores con sus propios recursos y/o de inversores no profesionales, familia, amigos, allegados ... (En EEUU, a Hewlet y a Packard, un antiguo profesor de Stanford les prestó quinientos dólares para ... ¿les suenan las iniciales H. P.?):

1. La fase de crecimiento se inicia cuando la Startup ya cuenta con un producto mínimo viable y necesita más financiación: hay que acudir a inversores profesionales (fondos o sociedades de capital riesgo, y ello por la vía del préstamo que luego convierten en capital). Lo habitual es que se den sucesivas *rondas de financiación* (ronda A, B, C, …).

Y si escalando se llega a la fase final, es el anhelado "exit" o salida, generalmente a Bolsa (o a Mercado Alternativo Bursátil), aunque también existan otros mecanismos de salida.

2. Antes de que la financiación se haga efectiva hay que VALORAR la Startup: se ha dicho que sobre todo en sus fases más iniciales invertir en ellas es más un arte que una ciencia, y es que estamos ante situaciones aleatorias, de imprevisible riesgo, propias de la actuación en el mercado de este tipo de empresa. ¿Métodos de valoración?, tradicionalmente existen varios, pero hay que considerar en el contrato de inversión, por de pronto, que la valoración

ha de ser objetiva. En el contexto de una ronda de financiación se distingue entre la valoración pre-money y la post-money (el valor de la compañía pre más el importe de la inversión).

3. ¿La *FINANCIACIÓN*?: escasa y sin orden ni concierto.

Tenemos el mecanismo de los préstamos participativos (art. 20 del RDL 7/1996) y existen otros medios tales como: fondos, gestoras, el campo de las *"spin-off"* académicas. Las *"spin off"* *Universitarias* se constituyen para explotar la propiedad industrial/intelectual derivada de los resultados de investigación. Y no debo olvidarme de las *Lanzaderas* y de las *Incubadoras*. Muchas PYMES innovadoras deben a los *"Equity Crowdfunding"* su capitalización durante las crisis que han acaecido. En cuanto a las Entidades de Capital Riesgo ("Venture capital"), hay que resaltar que en 2022 el ochenta y ocho por ciento de las inversiones totales en compañías privadas fue a Startup. En cuanto a los Fondos, son entidades de esquema fiduciario[20] (Amancio Ortega ha entrado en ellos; Pontegadea, X-2024, centrado en la innovación en el sector de la moda).

En 2024 la financiación se avivó, aunque no lo suficiente: se efectuaron megarrondas (más de 50 millones de euros) con lo que apareció alguna *"Scale up"*, en la línea de poder convertirse en Unicornio.

Hay que poner de manifiesto que el Gobierno y cada Comunidad Autónoma, van a su aire, sin ponerse de acuerdo en un plan conjunto, y en algún caso chocando y excediéndose en atribuciones.

---

[20]   Ley 1/1999 de 5 de enero. La Ley 5/2015 de 27-IV de Fomento de la Financiación Empresarial regula el Crowdfunding, S.A o S.L. Su objeto "exclusivo": la realización de las actividades que sean propias a las plataformas de liquidación participativa y en su caso a las entidades de pago híbridas. En protección de los intereses de eventuales inversores, resulta fundamental que cada proyecto incluya toda la información que LFFE exige al efecto. El proyecto debe contener una descripción del mismo, de forma concisa, en un lenguaje no técnico, de forma que pueda ser valorado por un "inversor medio" (art. 70.1)

¿Nuevas vías de financiación? La del sector de *la defensa*, necesitada de cuantiosa inversión para no dejar nada sin cubrir (la del sector aéreo es más que urgente, el reforzamiento naval y el de tierra …).

Y hablando del Gobierno, está primando ahora la inversión en capital riesgo centrándose en las tecnologías profundas "*deep tech*", fuerte inversión en compañías con un alto componente técnico, necesitadas de años de maduración hasta llegar al mercado.

Si el gobierno francés ha incentivado la inversión de grandes fortunas familiares en el sector que acabo de nombrar, ¿por qué no se intenta lo mismo en España?

En cuanto a los fondos de pensiones, erróneamente están siguiendo estrategias continuistas y la inversión pública (avales comerciales) no es la idónea: las Startup nacionales deben desarrollar su papel con carácter principal ("*led investors*").

¿Y las Startup Universitarias?: su estatuto de creación, con la misión fundamental de acelerar la transferencia de tecnología a las empresas, sigue dentro de un cajón. No es de extrañar: hace poco una ministra ha manifestado que las universidades privadas son *chiringuitos*, emiten títulos sin ninguna calidad ni exigencia de nivel.

Por último, destaquemos que en líneas generales las Startup en las rondas iniciales tienen menos problemas que cuando escalan (la Nota Convertible en una futura ronda es medio de financiación característica). Se echa de menos impulso financiero, escasea para nuevas rondas de inversión[21].

España, en sede de financiación, ¿espera otro COLÓN y otra Isabel "La Católica" que empeñe sus joyas?

---

[21]   Diversas fuentes: GIMENO BEVIÁ, VÁZQUEZ LÉPINETTE, ORTEGA GIMÉNEZ, "Empresa", "Actualidad Económica", ABC.

VIII. Los Pactos de Socios

INTRODUCCIÓN

Esperanza GALLEGO, en el Prólogo de "El pacto de socios en las Startup", de Vicente GIMENO BEVIÁ[22] resalta que: las singulares circunstancias de tales compañías desborda notablemente el régimen legal básico previsto en la LSC, lo que lleva necesariamente, a que, al amparo de la autonomía de la voluntad, sus socios adopten normas complementarias que atiendan de manera adecuada a la tutela de sus intereses, de forma similar a lo que acontece en la empresa familiar con los protocolos de la familia empresaria. Además, como particularidad propia de las Startups, las cláusulas que forman parte del pacto de socios no responden a la protección de las posiciones entre socios mayoritarios y minoritarios como relación clásica —y dominante— en el estudio del Derecho de Sociedades, sino a la división, en un sentido fáctico, entre fundadores e inversores[23].

1. El Pacto de Socios es un *acuerdo parasocial* y la Startup es SA o SL. Tanto uno como otra lo celebran los fundadores e inversores.

El pacto es un contrato (art. 1254 CC) en el cual sus celebrantes regulan sus respectivos intereses dentro de lo que convienen a los efectos del propósito común: la Startup tiene el objeto social determinado en cada caso real concreto, pero todo *el complexus* de derechos y obligaciones, finalidades propuestas..., al no poder for-

---

[22]   Su estudio —uno de los que califiqué (con motivo del V Congreso Nacional de Derecho de Sociedades, Málaga, 2022) y que merecidamente ganó el Premio "Antonio Pérez de la Cruz", ha sido el que "ha tirado de mí" para profundizar en las Startup. Si la letra de una copla, ya antigua, dedicada a la castigada Valencia, donde nací, "yo no sé qué tiene de tibia y de rara, de rara y de tibia, la luz de tu sol", la Startup al conjugar innovación, emprendimiento, motivación, fuerza de voluntad, el aliciente de su procedencia y mentalidad económica-jurídica mercantil, "yo no sé que tiene ...".

[23]   Op. cit., del autor ahora citado; Prólogo, pág. 20

mar parte totalmente, como se verá, del contenido de la escritura y sobre todo de los estatutos sociales, constan en el pacto parasocial. Aflora en toda su intensidad la autonomía de la voluntad que solo en parte está plasmada en los estatutos sociales.

2. La naturaleza jurídica del pacto de socios lleva a que esté limitado por el art. 1255 CC: "Leyes, Moral y Orden Público". Y el pacto, que es autónomo y lo revela su contenido, mantiene una relación instrumental con la Startup debido a la dependencia funcional entre ambos: en la medida en que regula las relaciones entre los firmantes y contiene una pluralidad de derechos y obligaciones con vocación de permanencia —no se trata de un contrato sinalagmático—, tal pacto conforma una sociedad interna de modo que la disciplina aplicable supletoriamente es la de la sociedad civil *ex.*art. 1665 y ss.CC[24].

3. La autonomía-dependencia funcional revela que entre el pacto y la Startup existe una corriente y comunicación incompatibles con la impermeabilidad ante el incumplimiento por parte de alguno de los firmantes: si el pacto de socios es universal, omnilateral, la sociedad no puede reputarse como un tercero ajeno, ya no es un pacto reservado y por tanto es oponible *erga omnes*, en base al art. 29 LSC. Como se verá, no es este exactamente el punto de vista actual del TS, y en todo caso se recomienda que todos aquellos pactos que puedan trasponerse a los estatutos así se haga.

4. La Startup, SA o SL. Lo más frecuente es que el tipo social sea el de Limitada, pero a lo largo de la vida de la figura en estudio, su dinamicidad se palpa de tal manera que no es infrecuente que por las rondas de financiación, por el régimen de autocartera, por la asistencia financiera, por la apertura a los mercados ..., se realice

---

[24] Son varios los autores que están acordes con lo que acabo de exponer. Lo destaco sobre todo porque hay que poner de relieve las características singulares de lo que estoy tratando (GIMENO BEVIÁ, C. ALONSO LEDESMA, PERDICES HUETO,...)

la transformación en SA, con el necesario cambio del tratamiento jurídico dada la operación sustantiva.

5. OPPO, artífice de la configuración de los pactos parasociales, diseñó en 1942 una trilogía interna que ha tenido continuidad (por ejemplo, PAZ ARES, GIMENO BEVIÁ...). Es *el sistema* de los Pactos de Organización en la Startup, los Pactos de Relación entre los socios fundadores e inversores y por último los Pactos de Atribución a la Startup por los socios.

6. ¿Cabe hablar de un *Derecho de Startups*? A mi entender la figura de la Startup hay que considerarla teniendo en cuenta la Teoría General de los Sistemas (VON BERTALANFFY): y es que estamos ante el supuesto de grupos de personas que con sus intereses varios se unen y actúan con una común finalidad, superior a los intereses individuales. En el caso de la familia empresaria así acaece también: cada miembro tiene su propio interés, pero si ingresan en la empresa familiar es porque existe un interés, el de la familia empresaria, unitaria y superior al individual de cada miembro. Con lo que damos entrada a John NASH a NEUMANN y a SCHELLING, que con la teoría de juegos han conseguido imprimir un revulsivo genial a lo que antes podía ser un amasijo de intereses, derechos y obligaciones asistemático. Y también hay que dar entrada a Gary S. BECKER, debido al resalte fundamental que representa el valor incalculable del capital humano, de la necesaria inversión en el mismo, con la separación de las distintas competencias de sus miembros armónicamente ensambladas, dentro del principio unitario que les impulsa ("analizarnos a nosotros mismos como recursos económicos", R. MOCHRIE).

Con lo anterior estoy afirmando que el tronco del capitalismo económico empresarial tiene dos potentes ramas: la Empresa Familiar y la Startup. La familia empresaria —ha escrito DRUCKER— es de interés público, exige que se la tenga no solo en cuenta, se la proteja y se la arrope, y no solo fiscalmente. ¿La Startup? exige que se la considere jurídicamente en sus particularidades por razón de la innovación, el papel que juega la autonomía de la voluntad, su modelo de negocio, el tratarse de una Empresa Emergente con un propósito específico, que no es ninguno de los tradicionales o clásicos: fundadores, inversores, rondas de financiación, ecosistema, Aceleradoras, Incubadoras, plataformas de financiación participativas, ...¿Basta con esto? No. Si ahora tambén nombro a SCHUMPETER y a DRUCKER, creo que puedo continuar con mayor seguridad en el estudio en que me he embarcado (y más si en la orilla ha quedado COASE, el análisis económico del Derecho llevado al extremo).

IX. Los Pactos de Organización

Potencialmente los más conflictivos para su ejecución y cumplimiento.

1. Configuración del Consejo: aunque al principio el órgano suele ser unipersonal, luego pasa a ser colegiado, con frecuencia cuando llega la inversión externa, convirtiéndose en Consejo de Administración (miembros del Consejo, reparto, funcionamiento, protección de los intereses del socio inversor, profesionalización del órgano...)

2. Adopción de acuerdos: alteración de las mayorías legalmente establecidas. Concesión de un derecho de veto sobre determinadas cuestiones, fijando mecanismos antibloqueo, para que el *iter* de la sociedad no vea dificultada la estabilidad del negocio en pro del cumplimiento del fin propuesto.

3. Derecho de información: el socio inversor lo exige en mucha mayor medida de lo que está regulado en la LSC (art. 93).

4. Derecho de voto: el principal de los derechos de soberanía (GARRIGUES).

La quiebra de la regla de proporcionalidad entre el voto y el valor nominal tiene su paradigma en las acciones y las participaciones sin voto. Y en las SL, la Startup es ejemplo de lo que estoy tratando con el voto plural (art. 188.1 LSC): con él, la seguridad se produce para los fundadores y más con la atribución de más de un derecho de voto para todos o algunos de los acuerdos, siempre con mención expresa del número concreto de votos que corresponden por participación (art. 188.3 RRM).

¿Y la atribución del voto de calidad en caso de empate a un determinado socio en la SL? Afirmativo, *ex.*art. 188.1 LSC (en la práctica, mecanismo antibloqueo).

5. Reforzamiento de las mayorías para acuerdos: si se trata de SL, del art. 198 LSC se deduce una fijación indirecta del *quorum*. Caso de SA, los arts. 193 y 194 LSC son aplicables. Pero los arts. 200 y 201 permiten la modificación estatutaria, respectivamente en la SL y SA. Y también es posible que el pacto de socios prevea que determinados acuerdos puedan adoptarse cuando así lo decida la mayoría del concreto grupo de socios *ex*.art. 200.2 LSC.

   ¿Y si de la Junta General de la SA se trata? No es posible una cláusula estatutaria exigiendo una mayoría viril o la conformidad de un determinado grupo ..., por lo tanto, si la Startup SL se transforma en SA habrá que acudir al acuerdo parasocial.

6. ¿Los estatutos no podrán alcanzar los aledaños de la unanimidad? Es principio configurador de las S de C la regla mayoritaria. ¿Puede depender la aprobación de un acuerdo del voto favorable del socio inversor, que en ocasiones lo exige para entrar como socio?: el que este pacto de socios pueda ser incorporado a los estatutos va a depender de las circunstancias particulares del caso y de las predicciones del fraude de ley, del abuso del derecho, ya que puede llegarse a atribuir un *verdadero derecho de veto* a socios con participaciones mínimas (DÍAZ MORENO).

7. Mecanismos antibloqueo: por su falta, disolución de la sociedad (art. 361.1 LSC) ¿Y en las Startup? Concretamente para ellas conviene la previsión en el pacto de socios del tercero imparcial, no socio (un arbitrador —consultora, entidad de capital riesgo informal—). Con todo no es factible si del Consejo de Administración se trata (la DGSJFP, en la Resolución de 27-IV-1989, ha considerado que caso de empate, como no hay todavía conflicto litigioso, no procede ni la intervención judicial ni el arbitraje: atribuir a un tercero externo una decisión indisponible podría considerarse contraria al deber de lealtad de los administradores).

8. El pacto de sindicación del voto: el compromiso de votar en los órganos sociales en el sentido previamente acordado. Pacto parasocial, sociedad interna, profundizada con acierto por PEDROL RIUS. Respecto a la JG no hay cuestión, pero si se trata del O.A., el voto no es para el administrador un derecho, es un deber y por lo tanto indisponible: la excepción, si el sindicato es fruto de un pacto parasocial omnilateral, al participar todos los socios del mandato (Aurelio MENÉNDEZ, PAZ ARES).

¿Y si el socio cambia el sentido de su voto? La previsión necesaria y las fórmulas variadas: A. PEDROL se decantó por la de la prenda: el socio transfiere el ejercicio del derecho de voto al síndico como acreedor pignoraticio, si bien ha de preverse en los estatutos *ex*.art. 132.

9. Órganos colegiados de la Startup, especialidades en la convocatoria y celebración de la JG y del Consejo de Administración.

Si se trata de la JG la forma general de la convocatoria suele realizarse por correo electrónico en sustitución del sistema del art. 11 bis LSC (pero ha de hacerse con acuse de recibo, DGSJFP).¿Y el *whatsapp*?: no parece incompatible con los requisitos del art. 173.2 LSC. También la celebración de la JG es posible por medios telemáticos, lo posibilita los arts. 182 y 182 bis LSC.

En cuanto al Consejo de Administración la escasa normativa se compensa con la autonomía aplicable a los administradores: la digitalización es factible *ex*.art. 245 LSC —la elección del medio ha de preverse en los estatutos—. La reunión del Consejo puede ser telemática, por videoconferencia y —aunque la previsión es para las SA, art. 248 LSC— también es factible que, si estamos ante SL, se adopte el acuerdo sin sesión con una votación emitida por correo electrónico excepto si algún consejero se opone a este procedimiento.

10. Completando lo anterior, el actual art. 161[25] permite a la Junta General —'salvo estatutos en contra'— impartir instrucciones al Órgano de Administración o someter a autorización... "*determinados asuntos de gestión*". Se refuerza así el pacto entre los socios sobre determinados asuntos acerca de los que se quiere mantener el control (sin perjuicio del art. 234).

---

[25]   A diferencia del artículo anterior que considera determinadas competencias de la JG (entre ellas la novedosa de la letra f, absolutamente realista, sin perjuicio de su mejor redacción); el ar. 161, en sede de gestión, permite a la JG... lo que el precepto dice.

X. Los Pactos de Relación

1. INTRODUCCIÓN

En la Startup, es en los pactos de relación donde la teoría de juegos se percibe en todo su esplendor: como la finalidad de los mismos es la regulación entre los socios firmantes del pacto de los derechos y obligaciones dentro del *complexus* negocial, la A.V. rebosa. Pactar la parte variable junto a la fija de la retribución de los administradores y personal clave. Los mecanismos antidilución, amplísimos, en atención del socio inversor; los derechos de adquisición preferente, la llamada buena o mala salida del socio fundador, la prevención de conflictos entre los socios, la valoración de las startup, la liquidación …, con diferencias acusadas respecto al régimen legal. Y procurar que en lo posible accedan a los estatutos sociales, ello en permanente tensión con las calificaciones registrales, ante "las normas imperativas y los principios configuradores del tipo social SA o SL".

2. VOLVIENDO A LA TEORÍA GENERAL DE LOS SISTEMAS

En la Startup, los fundadores y los inversores, por la vía de la persona jurídica, medio instrumental y de los pactos de socios, se unen —contrato de colaboración— con una común finalidad. El jurista, consciente de que estamos ante un sistema peculiar, tiene que encauzarlo y darle la consistencia necesaria (y es que —repito— el árbol de la empresa tiene dos ramas que hay que potenciar, la familiar y la actividad empresarial encauzada por la Startup).

Giorgio OPPO advierte de la necesaria regulación de las relaciones de los socios dentro de la imaginaria entidad. Concibe, como ya expuse, dentro de los pactos parasociales, los denominados Pactos de Relación: los vínculos entre los socios y el haz de derechos y obligaciones que recíprocamente asumen en el ámbito societario y que constituye la materia a tratar. Y dentro de la Startup ante todo que el socio fundador no ha creado para marcharse, sino para quedarse, "es el padre de la criatura", y si vienen más socios será porque les convence el propósito y el proyecto social; la pluralidad de intereses y la necesaria armonización en pro de la finalidad común, es lo primero a considerar.

3. LAS CLÁUSULAS DE PERMANENCIA

Hay que garantizar la continuidad de los fundadores; en ellos residen los conocimientos estratégicos, la innovación y lo que constituye la base intelectual que, completada con la que proporcionan los inversores, puede llevar al éxito o al fracaso. Precisamente una de las exigencias de estos últimos es que las personas clave se mantengan el tiempo necesario y suficiente para hacer posible la generación de mayor valor. Por ello, concertar la prestación de servicios es frecuente, así como acudir a la CLÁUSULA DE BLOQUEO ("lock-up") respecto a la transmisión de las acciones o participaciones. Y cabe, por último, la vía de la Prestación Accesoria *ex*.art. 86 LSC.

4. LAS LEYES DEL MERCADO Y LOS CONCEPTOS RETRIBUTIVOS DE LOS ADMINISTRADORES DE LA SOCIEDAD DE CAPITAL. EN SEDE DE STARTUP

Introducción.- Ante la legislación actual, ante las "sorpresas judiciales", ante los avatares que en la praxis se perciben en los estatutos y fuera de ellos de la S.A y la S.L, los que por razón de edad tenemos alguna memoria histórica, debemos de tratar de explicar la razón de ser de la problemática que existe en esta materia.

4.1. ¿Compatibilidad de ser administrador y alto Directivo?

"Contrato blindado". "Paracaídas o paraguas de oro". "No es lo mismo reunirse en Consejo de Administración ocho o diez veces al año, que ser consejero ejecutivo, trabajar todos los días desde que sale el sol hasta que se pone". "El famoso caso Huarte". "El caso Mahou". "La doctrina del vínculo". "La reserva estatutaria". "Este Tribunal al absolver de los delitos de apropiación indebida y administración desleal por el pago de pensiones…, aunque transgreden ostensiblemente los topes máximos de este tipo de retribuciones de acuerdo con la sensibilidad social dominante y pueden repugnar socialmente …, pero no corresponde a este Tribunal establecer el nivel ético de una sociedad ni suplir los mecanismos de funcionamiento del mercado financiero, no siendo decisivo a estos efectos penales que tal ventaja de cualquier clase (y por ende, puede serlo un bonus) tenga necesariamente que venir expresada en el proyecto de fusión… y ésta benefició al banco notablemente y no se produjo el perjuicio típico para la sociedad…"

4.2. La retribución de los administradores "en su condición de tales" (arts. 217 y 249 LSC)

En la LSC "el cargo es gratuito, a menos que los estatutos sociales establezcan lo contrario determinando el sistema de remuneración".

Si se opta por la retribución, el sistema determinará el concepto o conceptos retributivos a percibir por los administradores en su *condición de tales* y que podrán consistir, entre otros, en uno o varios de los siguientes (deletreando el art. 217 de la a-g los que plasma).

Respecto a la Startup, habitual es el sistema mixto: una cantidad fija combinada con otra variable dependiente del cumplimiento de los objetivos. Hay que destacar el sistema de participación en beneficios —art. 218— así como el de entrega de acciones o de opciones sobre acciones del art. 219. La Startup SL, ante el silencio legal, ha de estar a los límites generales del art. 217. Además, conforme a la Ley 28/2022 de FEEE, se prevé la creación de la autocartera de participaciones sociales con fines retributivos, en el art. 10.

¿Cómo enfoca la ley la retribución de los administradores en su condición de tales?

El art. 217.3 posibilita que la retribución de los administradores —en su condición de tales— sea desigual; solo exige que la JG fije un importe máximo conjunto de remuneración anual, permitiendo la distribución de la retribución por acuerdo entre ellos o si se trata de Consejo por acuerdo de éste.

¿La remuneración de los administradores se rige por "las leyes del mercado"?

El art. 217.4 trata de responder: « La remuneración de los administradores deberá en todo caso guardar una proporción razonable con la importancia de la sociedad, la situación económica que tuviera en cada momento y los estándares de mercado de empresas comparables. El sistema de remuneración establecido deberá estar orientado a *promover la rentabilidad y la sostenibilidad* a largo plazo de la sociedad e incorporar las cautelas necesarias para evitar la asunción excesiva de riesgos y la recompensa de resultados desfavorables.» (Si de SA cotizada se trata, es aplicable el art. 529 *novodecies*)[26].

4.3. El régimen que contempla el art. 249 LSC

Contemplando el régimen legal, parece claro que reconoce que los consejeros delegados o los que son miembros de la Co-

---

[26]   La STS 7-II-2025 ha considerado que conforme al art. 217.4 LSC existe proporción razonable entre los beneficios de la sociedad, que superaron los dos millones de euros y la retribución del administrador, noventa mil euros, "por lo que no parece que exista en tal caso desproporción ni amenace al desarrollo del objeto social a largo plazo". A mi entender, no es de extrañar que en este contexto, en los supuestos en que la ley —como se verá— exige que se celebre un contrato, se recuerde que "el contrato deberá ser conforme con la política de retribuciones aprobada, en su caso, por la J.G."

misión Ejecutiva han de tener un régimen específico, el que considera el art. 249.3: «Cuando un miembro del Consejo de Administración sea nombrado consejero delegado o se le atribuyan funciones ejecutivas en virtud de otro título, será necesario que se celebre *un contrato entre éste y la sociedad* que deberá ser aprobado previamente por el Consejo de Administración con el voto favorable de las 2/3 partes de sus miembros...». Y en el número 4° « En el contrato se detallarán todos los conceptos por los que pueda obtener una retribución por el desempeño de funciones ejecutivas, incluyendo, en su caso, la eventual indemnización por cese anticipado en dichas funciones y las cantidades a abonar por la sociedad en concepto de primas de seguro o de contribución a sistemas de ahorro. El consejero *no podrá percibir* retribución alguna por el desempeño de funciones ejecutivas cuyas cantidades o conceptos no estén previstos en ese contrato (el cual deberá ser conforme con la política de retribuciones aprobada, en su caso, por la Junta General).»

Ante los arts. 217 y 249 LSC, éste parece ser norma especial, de aplicación al consejero delegado o al consejero al que se le atribuyen funciones ejecutivas, y ello por tener un "plus" de actividad (como el art. 529 octodecies si la s. es cotizada). El art. 217, así como el 529 septedecies, contienen el régimen general. Es el criterio de la mayoría de la doctrina (encabezada por C. PAZ ARES), pero no así según la STS de 26-X-2018: "en su condición de tales comprende las funciones ejecutivas, por lo que solo las funciones que sean extrañas al O.A. desempeñadas por sus miembros quedan fuera de la aplicación del art. 217". Se trata entonces de una reserva estatutaria, de aplicación a todo administrador aunque sea de los que contempla el art. 249. Única sentencia respecto a la s. no cotizada, que exige la previsión estatutaria de todos los posibles conceptos retributivos, aunque sean los del consejero delegado y de los consejeros ejecutivos (en la STS de 13-XI-2008 la decisión fue idéntica respecto a "las cantidades satisfechas a los consejeros de una sociedad cotizada en bolsa (en el caso, una conocida compañía cervecera)"[27] [28]

4.4 *"En su condición de tales" y las funciones ajenas al Órgano de Administración*

Lo cual es frecuente en la Startup. ¿Cauce jurídico para lo ajeno? El contrato de arrendamiento de servicios o el de obra (C.C., tipos contractuales). Si de SA se trata la autorización puede otorgarla el OA —art. 230.2— si queda garantizada la independencia de sus miembros concedentes respecto al administrador dispensado (del régimen del deber de lealtad), se asegura la inocuidad de la operación para el patrimonio social y la transparencia del proceso; la operación ha de realizarse de condiciones de mercado. Si no existe Consejo, ha de ser la J.G la que tiene que autorizar la misma.

---

[27]   PAZ ARES en dos estudios ("Ad imposibilia nemo tenetur" —en "Notario" marzo-abril 2009—, y respecto a la Sentencia del 2018, del mismo autor "Perseverare diabolicum" InDret 2/2018 pág. 12), considera al criterio del TS como "la doctrina del milímetro", al no dejar espacio a la intervención de otras instancias en la cuantificación de la retribución, con lo que el Alto Tribunal "deja abierta la llave del gas". Y es que apunta que hay determinados consejeros que "trabajan todos los días desde que sale el sol hasta que se pone" y ello explica la práctica inveterada de nuestras sociedades conforme a la cual la remuneración de los consejeros ejecutivos —señaladamente la del consejero delegado y la del presidente ejecutivo— era fijada por el propio consejo, al margen de cualquier previsión estatutaria, del mismo modo que fijaba la del director general o la de otros altos directivos.

Lo que acabo de exponer lleva a la exigencia de la previsión estatutaria. Es posible, hoy por hoy, que no haya terminado la problemática, que hasta las últimas Sentencias parecía aquietada. Esperemos que alguien haya cerrado la llave del gas, pues con "la espita abierta" se expande: "totum in toto et totum in qualibet parte". (Un buen resumen con actualización doctrinal, en GIMENO BEVIÁ, op. cit. pág. 241 y 242).

[28]   PAZ ARES "El enforcement de los pactos parasociales" Actualidad Jurídica Uria&Menéndez, nº 5, 2003 págs. 19-44, "Perseverare diabolicum (a propósito de la STS 26-II-2018" y "La Retribución de los Consejeros" InDret 2018, págs. -1-52.

Si estamos ante SRL, la prestación de servicios o la de obra, requiere acuerdo de la J.G de la Startup (art. 20, lo que reitera el citado art. 230 n° 2, párrafo segundo, *in fine*).

Y no se olvide, lo que constituye la premisa básica para saber el régimen jurídico aplicable: ¿lo que va a realizar el administrador entra dentro de "su competencia en su condición de tal", la gestión —art. 209— o es algo ajeno al órgano? Y es que está en juego el régimen jurídico aplicable: el de los arts. 217 y 249 (remuneración de los administradores) o el del art. 220 —Startup SLR— o el del art. 230 —Startup SA—. Al objeto social hay que acudir evidente-mente, lo que hace que, por ej. GIMENO BEVIÁ apunte la mayor o menor cercanía de las actividades que conforman el objeto de la sociedad concreta con lo que constituye lo que es propio de gestio-nar y representar[29]. Para valorar la delimitación entre prestar un servicio y realizar una obra o gestionar como administrador, ¿habrá que tener en cuenta si además de obligarse al resultado, realizar la obra, se obliga a suministrar el material, referencia art. 1588 CC?; ¿o si existe cláusula relativa a la titularidad de los secretos indus-triales en favor de la Startup? Si hay una estipulación propia de un especialista (el autor ahora citado considera la existencia o no de dedicación al diseño de un programa de software o una aplicación para móviles, como ejemplos de la prestación de actividades con un objetivo tecnológico concreto propio de expertos, especialis-tas, profesionales cualificados (en este sentido también GARCÍA CRUCES)[30]

4.5. Apoderamiento. La figura del Director General

La materia en estudio se ha ido complicando, y a pesar de que los árboles ya empiezan a permitir ver el bosque, éste es intrincado: el consejo de administración puede apoderar.

---

[29]   Art. 209 Op. cit., pág. 244
[30]   Vide "La prestación de otros servicios por los administradores". Tirant lo Blanch pág. 245 y ss. 2018

El poder puede concederse a un tercero o a quien hubiera sido designado como administrador: estamos ante un supuesto de representación voluntaria, por lo que el contenido de las facultades viene determinado por lo que decida el representado y son oponibles las limitaciones dispuestas de conformidad con las normas generales.

Hay que hacer una referencia particular al supuesto en el que el apoderamiento se confiera con carácter general y que en la práctica —como expone GARCÍA CRUCES[31]— suele identificarse "con el director general" de una sociedad. Estamos ante una vinculación laboral, aunque especial (RD 1982/1985 1-VIII) que dicho sujeto mantiene con la sociedad, así como el apoderamiento general implica que la relación existente entre tal apoderado y la sociedad parece que debe entenderse como la propia de un factor (art. 281 y s.s. C.Com.) Con lo que, respecto a la responsabilidad, no es de aplicación al apoderado el régimen previsto para los administradores sociales, y sí las normas generales.

Con todo existe alguna regla particular: en la LSC en aquellos casos en que la sociedad, a través de su CA, conceda un apoderamiento general y no exista delegación, porque no se ha adoptado el acuerdo, no existen por tanto delegados. En tal supuesto al existir el riesgo de elusión de los controles y exigencias previstos para la delegación y a la vez tratar de conseguir un resultado similar, ya que el apoderamiento se ha conferido con carácter general, el art. 236.4 LSC dispone que las previsiones en torno a los deberes exigibles y la responsabilidad que cabe requerir de tal apoderado general se sujetarán a las reglas dispuestas para los administradores sociales. Y no solo esto, el art. 249.3 exige que cuando ese apoderamiento general se confiera a un miembro del CA, además deberá

---

[31] Esas previsiones de la LSC respecto a la delegación y a la necesidad de formalizar un contrato en tal sentido —dice acertadamente GARCÍA CRUCES— pueden resultar muy razonables en relación con las grandes sociedades que cotizan en bolsa. Sin embargo, puede dudarse de su justificación respecto de aquellas sociedades que no presentan tales circunstancias, suponiendo una complejidad excesiva y de dudosa justificación

formalizarse el contrato de delegación que se contempla en tal precepto, cumpliéndose los requisitos que dispone.

5. EL PLAN DE INCENTIVOS EN LA RETRIBUCIÓN DE LOS ADMINISTRADORES, DIRECTORES Y EMPLEADOS CLAVE

Frecuente es en la Startup *el impulso incentivador* dentro de un plan al que se acogen los beneficiarios.

* LAS "STOCK-OPTIONS". Opciones sobre acciones o participaciones.

  Su particularidad en la Startup reside en que la función retributiva combina lo clásico o tradicional con la posibilidad de que se sea socio: estamos ante la compra por un precio ya fijado, favorable al comprador y que complementa la parte retributiva fija, como estímulo al trabajo, al talento incentivado. Existe un riesgo, el fracaso de la Startup, pero evidentemente la figura inyecta estímulo, vigor a lo que se está realizando. El ya citado art. 219 LSC se refiere a la remuneración vinculada a las acciones de la sociedad, exigiendo la previsión estatutaria y el acuerdo de la JG de accionistas. Si de SRL se trata, la prohibición de la existencia financiera *ex.art.* 143.2 la salva el régimen de la autocartera de participaciones que prevé el art. 10 de la Ley FEEE.

  El sistema, aunque ha recibido algún retoque fiscal estimulante, no acaba de arrancar en España, y es que hay medios incentivadores más eficientes.

* LAS "PHANTOM SHARES". Las llamadas acciones o participaciones fantasma.

  Administradores, directivos, empleados clave, si se adhieren al plan de inversiones existente, se convierten en beneficiarios de un sistema en el que inicialmente tienen un *bonus* "derecho económico en función de la permanencia y

dedicación, en espera de que se produzca un evento liquidativo de la sociedad, se cumpla determinado objetivo, el
reparto de dividendos o la venta de la Startup". Si así acaece, lo virtual pasa a ser real. Mientras tanto, no ha existido
desembolso económico, ni han ingresado nuevos socios, y
el derecho de los beneficiarios, personalísimo, es intrans-
misible. Todo ello repercute positivamente para la efectividad de la figura: incentivar por una parte y de otra que
no sea deuda de la startup, ni nuevos inversores aparezcan,
constituyen factores para preferir su aplicación máxima por
el atractivo fiscal que supone para los beneficiarios: la consideración como rendimiento de trabajo en el momento en
que se perciba (IRPF); en el caso de los stock options hay
que declararlos cuando se conceden y en el momento de su
ejecución (y desde luego si se transmiten).

El régimen fiscal es algo más ventajoso para los beneficiarios
que en la figura anterior.

• EL VESTING. Consolidación del sistema de incentivos.

Lo que aparece regulado en el art. 219.1 en cuanto a las acciones, se consolida acudiendo al VESTING: si se trata de los
fundadores, como ya desde el principio su participación es
plena, al incorporar esta cláusula se condiciona lo anterior,
y a medida que se consigan determinados objetivos temporales y/o económicos, es cuando se produce la liberación de
las participaciones concretas ("reverse vesting"). Caso de administradores, directivos o empleados clave, la consecución
de hitos económicos o temporales, desbloquea la adquisición
de las acciones o participaciones o bien el derecho a ejercer
la opción de compra sobre las mismas (art. 219 LSC). Jurídicamente estamos ante el juego de la condición suspensiva
ex.art. 1114 CC (*pendet, existit o deficit*).

El VESTING, como ha quedado apuntado, se conecta con el
contenido del art. 219 LSC, remuneración vinculada a las acciones de la sociedad, pero como puede comprobarse, tiene

mayor complejidad[32]. Y es que puede fijarse el vesting desde el pacto de fundadores con carácter disuasorio del abandono del proyecto. Puede constituir una exigencia de los socios inversores a fin de controlar a los fundadores. El plazo de terminación de restricciones hasta la total consolidación es habitualmente de cuatro años, para que sea el cambio de capital en la s., por la venta o fusión o cese de que el socio o el trabajador el que efectúe el vesting, incumpla sus obligaciones, el plazo puede acortarse, la expiración de los derechos ya consolidados, incluso extinguirse, según los casos (incluyendo la conducta; a fin de calificar la solidez de buena o mala salida).

6. LA DESINVERSIÓN. DESVINCULÁNDOSE DEL PACTO DE SOCIOS ("EXIT")

6.1. *"Quiero vender lo mío y a quien quiera"*

La transmisión *inter vivos* eligiendo al adquirente, para que sea posible en la Startup ha de ser inocua, inofensiva. Depende del caso concreto, más que de los supuestos que la LSC así lo considera (el art. 107.1 "entre socios…, salvo estatutos"); además, hay que considerar que el adquirente ha de estar autorizado por la Startup. ¿Y en cuanto al fundador?, más que siga siendo socio, lo que importa

---

[32] En cuanto a la SL, también puede acudirse a la Autonomía de la Voluntad, así como tener en consideración la autocartera de participaciones *ex.*art. 10 FEEE, sin olvidarnos del art. 139 LSC (deberá la sociedad enajenar sus participaciones o reducir capital por el importe creado en concepto de autocartera; MARTÍNEZ CAPPA).
En toda la materia propia de la remuneración de los administradores es innegable la consideración del método del análisis económico del derecho; aunque no se ha llegado al extremo (COASE), el principio de eficiencia —midiéndose por la diferencia entre beneficios y costes, pero es claro el influjo apuntado— concretamente el de CALABRESI.

es que cumpla el contrato de prestación de servicios conforme al pacto de socios (y es que el fundador es clave).

Fiscalmente la venta genera ganancias patrimoniales: IRPF en la base imponible del ahorro: ¿los inversores no residentes? considerar los convenios de doble imposición.

6.2. Restricciones a la libre transmisión de acciones o participaciones

También hay que distinguir si se trata del fundador o de los demás socios. ¿Por qué las restricciones? Porque estamos ante una sociedad cerrada, el "*intuitu personae*" quiere preservar el núcleo social que se considera, en cada caso real, necesario para el buen fin perseguido (hay que evitar tensiones, falta de compenetración). La previsión del pacto parasocial tratará de que a lo largo de la vida de la Startup el grupo siga ensamblado en pro de cumplir los objetivos marcados.

6.3. Prohibición temporal en la SL

Con límite de cinco años: es posible estatutariamente (art. 108.4). ¿No puede superar el quinquenio? Puede hacerse, pero su constancia estatutaria exige —art. 108.3— el consentimiento de todos los socios y está vivo el derecho de separación en todo momento. Esto último no convence en la Startup, y el pacto parasocial lo demuestra.

¿Y en la SA?: el art. 123.4 RRM establece el límite de dos años desde la fecha de constitución de la sociedad. En la Startup es insuficiente y de ahí el pacto de socios.

6.4. Cláusula de Autorización o Consentimiento del transmitente

En la Startup —a diferencia del régimen supletorio *ex.*art. 107.2 y 123.3 LSC— la redacción de la cláusula suele prever la exoneración del fundador si el beneficiario consiente la transmisión y la autorización corresponde a los socios inversores, con lo que controlan la salida extemporánea del fundador.

Y es válida la cláusula que supedita la transmisión por el fundador a la autorización por el inversor. Puede incorporarse a los estatutos sociales y si existen prestaciones accesorias aparejadas se refuerza la eficacia del pacto de socios. En este caso el régimen transmisible es el del art. 88 LSC: el necesario consentimiento de la transmisión corresponde a la JG en la SL y en la SA a los administradores, salvo disposición contraria de los estatutos. Por último, cabe que éstos prevean que la transmisión de participaciones con prestación accesoria necesite la autorización del socio inversor.

6.5. Derecho de adquisición preferente

Frecuente cláusula restrictiva en la Startup: el beneficiario aumenta su cuota y se evita la entrada de extraños. Su incorporación a los estatutos es posible (arts. 123.3 RRM y art. 188.2 RRM).

¿Es factible en el caso de transmisiones forzosas? Lo es en la SL art. 103. También lo es si de acciones se trata, pero ha de estar previsto en los estatutos (arts. 124 y 125, de complicada interpretación conjunta).

Hay que plantear el supuesto de fallecimiento de un socio: el art. 110.2 prevé que estatutariamente los socios sobrevivientes y en su defecto la sociedad pueda adquirir las participaciones del socio fallecido y no su heredero o legatario, que es el que tiene la condición de socio[33].

---

[33] El precepto merece atención, tanto si se trata del heredero como si estamos ante el legado de participaciones: en este caso las adquiere el legatario desde que el testador fallece (art. 882 C.C), con los efectos propios de la propiedad y que el precepto atiende; ahora bien, por el art. 885 C.C no puede ocupar por sí la cosa legada, ha de… (aunque el precepto es dispositivo). Aquí destaco que si los estatutos prevén la adquisición por persona distinta —en los términos que regula— ha de armonizarse en el caso real concreto con lo que el C.C

Si se trata de acciones, la LSC, art. 124, admite que los estatutos prevean que la sociedad presente al heredero un adquirente de las acciones o se ofrezca a adquirirlas ella misma. Aunque el art. 110 no prevé que sea un tercero el adquirente, y vuelvo a las participaciones, el carácter cerrado de la SRL y sus principios configuradores llevan indudablemente a admitirlo (prioridad estatutaria que completa lo dicho acerca del supuesto de participaciones SL).

Por último, el derecho de adquisición preferente, ante la posibilidad de cambio de socios de la sociedad que sea socio de la Startup, si ello implica un cambio de control, es factible el acceso estatutario si de SL se trata. No es seguro, sin embargo, si estamos ante SA, ello a tenor de la STS de 10-I-2010 (fundándose en las diferencias tipológicas que existen entre la SA y la SL). Lo expuesto ahora y lo que cabe plantear en general revela que los tipos sociales Anónima y Limitada siguen faltos de la necesaria seguridad jurídica-legal y de armonización civil-mercantil.

7. LOS PACTOS DE VENTA CONJUNTA O DE SALIDA COLECTIVA

La desinversión mediante la venta a un tercero.

Generalmente diseñados en favor del inversor, se concretan en la cláusula de Acompañamiento ("tag-along") y la de Arrastre ("drag-along").

Llévame contigo("tag-along"): se concierta la venta por un socio a un tercero y los demás se unen a la misma, con idéntico precio y condiciones.

Os llevo conmigo ("drag-along"): el inversor para entrar en la Startup exigió que lo hacía siempre que en el futuro no se impidiera que pudiera comprar todo el capital de la entidad. El derecho de

---

establece. Y si las participaciones no terminan en el patrimonio del legatario, sí su valor (subrogación real).

arrastre constituye una garantía para el beneficiario a efectos del retorno de su inversión, por lo que puede definirse así: un tercero o un socio inversor está dispuesto a comprar todo el capital social y lo conviene con uno de los socios y éste lleva a los demás a vender, a acompañarle, los lleva consigo, los arrastra. Se configura como una venta conjunta a partir de la oferta realizada en este sentido por el que adquiere todo el capital. (A la misma *alude* el art. 188.3, cuando dice que: "serán inscribibles en el R.M. las cláusulas estatutarias que impongan al socio la obligación de transmitir *sus participaciones* a los demás socios o a terceras personas determinadas, cuando concurran circunstancias expresadas de forma clara y precisa en los estatutos").

VÁZQUEZ LÉPINETTE precisa la finalidad última de cada una de ellas: la cláusula "tag" sirve para proteger a la minoría, al prometerles que venderán su participación junto con la del socio mayoritario y en las mismas condiciones; con ello se evita que sea éste el único que se beneficie del sobreprecio que paga el adquirente (prima de control) así como que el minoritario quede con un inversor socio mayoritario no deseado. "La drag", al forzar la venta de las participaciones minoritarias en las mismas condiciones que las del socio de control, le facilita la venta de su participación, evitando que la presencia de los socios minoritarios suponga una disminución del valor de su paquete accionarial.

Conforme al art. 188.3 citado, y los arts. 108.2 LSC y 123.5 RRM, es posible la incorporación a los estatutos, y en base a la autonomía de la voluntad, lo mismo en el caso de acciones. Con todo, si la inscripción estatutaria de la cláusula "drag" es posterior a la constitución de la Startup, la RDGSJFP de 4-II-2017 ha exigido el consentimiento unánime de los socios por considerar al derecho de arrastre como una causa de exclusión.

8. LA CLÁUSULA ANTIBLOQUEO ("DEADLOCK PROVISIONS")

La opción de venta o de compra forzosa ante situaciones de parálisis.

Es la llamada *cláusula de ruleta rusa ("Shotgun Clause" Estadounidense)*

La cláusula parte de que en la Startup concreta existen pocos socios inversores, y que está la sociedad bloqueada. La *cláusula de ruleta rusa* faculta al socio a vender a otro socio su participación a un precio dado, y en el caso de que éste no compre, el socio inicial debe adquirir la participación del socio al que se le ofreció comprar, en las mismas condiciones que la oferta inicial.

Diseñada para permitir la salida en sociedades de accionariado limitado a dos socios o a dos grupos de socios prácticamente paritarios, tiene en la fijación del precio de venta la clave de la misma, pues al ser el oferente inicial, potencialmente comprador, asume el riesgo tanto de quedarse corto en el precio como de excederse y ello con las consecuencias correspondientes. Esto la hace escasamente aplicable en la práctica, pero con todo, en base al art. 188.3 RMM, es factible su inclusión en estatutos (aunque el punto relativo "al valor razonable" hace que tenga cabida en los pactos parasociales).

9. LA CLÁUSULA ANTIDILUCIÓN Y LOS INVERSORES

("Invierto, pero venga quien venga, mi valor, siempre hacia arriba")

El temido *aquamento* puede preverse con la prima de emisión o con el ejercicio del derecho de preferencia en el caso de aumento de capital *ex.art.* 304 LSC, pero aquí contemplo la cláusula específica propia de las Startup. Transcribo una de las habituales: "la entidad X tendrá derecho a mantener un mínimo de un nueve por ciento en el capital social de la sociedad mientras la valoración sea premoney, en caso de que el aumento de capital sea inferior a … En los aumentos de capital previstos, para cumplir con los incentivos pactados con el equipo gestor, durante cinco años a partir de la fecha de la firma de este contrato, *los socios investigadores* tendrán derecho a mantener la cuota de participación en el capital social que detenten en este momento.

Para ello los socios se comprometen a acordar en la Junta General que adopte el correspondiente acuerdo de aumento de capital, un segundo aumento mediante el cual la entidad X y los socios investigadores, según el caso, asumirán a valor nominal y sin prima de asunción un número de participaciones suficiente para mantener los porcentajes referidos en el párrafo anterior".

10. EL PACTO PREVISOR DE UNA AUTOCARTERA Y LA DILUCIÓN, QUE AFECTE A LOS FUNDADORES Y NO A LOS INVERSORES EN SEDE RETRIBUTIVA

Ya tratada la temática relativa al plan de incentivos y el *vesting*, la cláusula antidilución previsora para el socio inversor es atendida en la práctica anglosajona incluyendo un favorable régimen fiscal dentro del sistema retributivo que incluye a las *stock options* en favor de directivos y empleados. Se trata de que la reserva de acciones o participaciones que constituye la retribución variable lleve a que el pacto de socios prevea una autocartera —contando con las restricciones legales existentes sobre todo de si SL se trata— y la repercusión de la "*option pool*" no afecte a las acciones o participaciones de los inversores, porque las que adquiere es con base en el capital "*fully diented*".

En España —como expuse ya— el coste y el tratamiento fiscal del sistema de las *stock options* ha llevado a la preferencia por las *phantom shares* como incentivo para los trabajadores de la Startup. GIMENO BEVÍA, que realiza las consideraciones anteriores, cita a GARRIDO DE PALMA, V.M. en el punto relativo a la adquisición y tenencia de participaciones propias (Ley 2/1995 de SRL modificada por la Ley 7/2003 de 1-IV de SL Nueva Empresa) "en cuanto repercutió favorablemente en la actividad de las empresas familiares". La cita: "Modificaciones estructurales y reestructuración empresarial", Valencia, Tirant, 2011 pág. 175.

11. LA CLÁUSULA DE MEJOR FORTUNA

Con ella el socio que vende su participación en la Startup, trata de proteger esa misma participación si se transmite a su vez a un tercero dentro de un período determinado y la segunda transmisión se realiza por un precio más alto. Entonces el socio que primero vendió tiene una participación en la plusvalía generada en la posterior transmisión a un *tercero por el que fue su adquirente*. Para no morirse de envidia o compensar la posible insuficiencia de información, que le llevó a una enajenación inadecuada, la cláusula en estudio produce un efecto compensatorio.

Se habla, por lo anterior, de que así *no se muere de envidia*, al hacer efectiva la participación en la plusvalía generada posteriormente (hay que precisar que la transmisión no tiene por qué ser venta, que produce su efecto dentro de un período prefijado y que el precio de la segunda transmisión ha de ser superior a un determinado importe). Cláusula también llamada *antivergüenza,* tiene su origen en Silicon Valley.

12. EL PACTO QUE PREVÉ LA SALIDA DEL FUNDADOR: SU CONDUCTA. LA BUENA Y LA MALA SALIDA

Si anglosajona es la terminología, hay que tener en cuenta que nuestra LSC ya regula la Separación y la Exclusión del socio respectivamente.

En todo caso se sale transmitiendo el socio su parte: el *exit* es forzoso si se produce la causa extintiva para él del contrato de sociedad ("disolución parcial"), el adquirente, los demás socios o terceras personas determinadas (art. 188.3 RRM).

- *La salida por la puerta de atrás.* ¿Y la exclusión LSC? Las causas legales (art. 350) hay que considerarlas, así, el incumplimiento voluntario de prestaciones accesorias (en la Startup tecnológica el *facere* propio del proyecto tecnológico), los deberes del administrador y la condena por sentencia firme... Además, están las causas estatutarias de exclusión *ex*.art. 351 LSC. A falta de convenio, el requerimiento por escrito al fundador para que subsane la causa y si se llega a la venta forzosa, el pacto de socios prevé la opción de compra por la sociedad, siendo factible también por los socios. Se deja de ser socio y el precio, el pactado, no el valor razonable sino el nominal; caso de que se acordara la salida *ad nutum*, el precio será el que se acuerde.

- *La buena salida:* El fundador es buen cumplidor y se quiere ir (o ha fallecido). Esto último lo prevé normalmente el pacto de socios y cabe un derecho de adquisición preferente estatutario a favor de los socios sobrevivientes (*a simile* art. 102 LSC). La discapacidad permanente tiene el mismo tratamiento, salvo que el fundador puede continuar, si nadie da el paso siguiente.

¿Y qué hay de la separación LSC?: causas como el cambio del objeto social, la fusión ..., son modificaciones importantes del contrato social que la ley prevé, así como actualmente el derecho de separación por falta de distribución de dividendos *ex*.art. 348 bis.

En la Startup el fundador tiene que plantearse la extinción de *su relación laboral*, la jubilación y también el cambio sustancial que puede darse en la operativa empresarial. Se trata de causas de separación con pleno encaje estatutario, y desde luego cabe que se le conceda el premio de que a partir de ... decida separarse transmitiendo su cuota.

El precio de la transmisión: salvo acuerdo, que no faltará, el valor razonable o de mercado. (En todo caso hay que tener en cuenta los límites de la autocartera, con regulación legal *diferente* para la SA y la SL).

13. LA "PUT OPTION": LA SALIDA ANTICIPADA DEL INVERSOR

¿Las causas? La rápida desvinculación del inversor puede deberse —SOLANS CHAMORRO— a escándalos mediáticos o imputación en procesos penales (provenientes de la Startup). Obliga a los demás firmantes del pacto a comprarle sus acciones o participaciones por un precio determinado.

Variante del derecho citado y para el supuesto de que transcurrido un plazo determinado no se hayan alcanzado los objetivos previstos, está el derecho de REDENCIÓN: la cuantía de la misma depende de varios factores, como el riesgo asumido por el inversor en el momento en el que ingresó en el capital o de la valoración de la Startup en la ronda de financiación en la que entró: si ha ingresado con una valoración muy alta, esta protección sería un modo de garantizar que la valoración fue correcta y se sostiene posteriormente en el mercado. Apunta VÁZQUEZ LÉPINETTE que estas cláusulas conjugan la voluntad de los inversores de asegurar su rentabilidad, como contrapartida por el riesgo asumido y evitar que los fundadores promuevan una venta a un precio supuestamente bajo (tienen su riesgo, porque pueden desincentivar la generación de valor por parte de los fundadores).

14. LA DISTRIBUCIÓN DE DIVIDENDOS Y LA STARTUP. EL ART. 348 BIS LSC

La falta o la insuficiente aprobación de dividendos ha producido un bis en la LSC (¡al fin! exclamaría el socio famélico ante el abuso del mayoritario. Y por ello, 28-XII-2018; como decía uno de los agraciados "este fin de año voy a poder tomarme las uvas"). La norma no ha gustado a todos.

En la Startup no es lo anterior lo que frecuentemente acaece, pues lo que se quiere es en general, seguir incrementando el valor en lo posible y que en su momento sea por la vía del *exit* el modo de producirse el retorno de la inversión. De ahí que prever en los estatutos la no distribución de dividendos constituya, en la realidad, el máximo exponente del propósito que se quiere lograr con la sociedad en estudio.

Lo anterior no obsta para que en el pacto de socios conste la renuncia a ejercer el derecho de separación que el art. bis establece, así como que se prevea en el plan de incentivos concretas compensaciones económicas a determinados socios, y también la retribución específica al socio industrial o de trabajo.

No debo concluir este apunte sin aludir a la STS de 25-II-2016: declaró contraria a la *bona fides* la conducta del socio que impugnó un acuerdo social que daba cumplimiento al pacto de socios que él había firmado, con lo que pretendía ejercitar el derecho de separación legal. El TS, de modo contundente, alega la falta de buena fe y el ejercicio antisocial del derecho, en base al art. 7 CC. (Aquí, podría extenderme tratando el pacto omnilateral y su repercusión potencialmente *erga omnes,* pero lo haré al tratar de la eficacia del pacto de socios en la Startup).

15. LA CLÁUSULA DE LIQUIDACIÓN PREFERENTE

No hay que ceñir la cláusula exclusivamente a la fase de liquidación de la Startup, también es de aplicación en otros supuestos, como lo es el de la venta de la misma. Sobre todo, en interés de los inversores profesionales, en cuanto acontezca un evento liquidativo conforme al pacto de socios, su beneficiario es preferente al resto.

Constituye el retorno de la inversión realizada, conjugándolo con los derechos que tienen los demás inversores en sucesivas rondas (lo más frecuente es pactar una prioridad escalonada: se agrupan en diversos niveles a inversores de rondas distintas para que cobren antes, aunque el pago en cada nivel es "pari passu seniority"; GIMENO BEVIÁ)[34] [35]

Contra esta cláusula podría argumentarse: ¿y los pactos leoninos *ex.*art. 1691 CC, y el pacto de percibir un interés, prohibido por el art. 96.1 LSC?, pero hay que considerar que el art. 94.2 permite la creación de participaciones sociales y la emisión de acciones que confieran privilegios frente a las ordinarias, y este es uno de los supuestos (con las formalidades de la modificación de estatutos). También se ha alegado la protección de los derechos individuales, el consentimiento individual de los afectados si la Startup es SL…, pero a pesar de todo, considerando la autonomía de la voluntad, la finalidad de captar capital tiene la relevancia suficiente para considerar posible el acceso de la cláusula a los estatutos (y ello, aunque el concepto de liquidación no armoniza bien con el de la LSC).

[34]   Op. cit., pág. 304 y 305.
[35]   DE ULLOA LA PETRA G. "El pacto de socios y la Startup" Cazorla González-Sancho (Coord.) Aranzadi 2018. Págs.265-321.
       SOLANS CHAMORRO L. "Contratos entre socios y Startups" y "Actualidad Jurídica" URÍA MENÉNDEZ. 5°. Año 2019; pág. 4

XI. Los pactos de Atribución

I. Siempre existen en los pactos de socios. La Startup, persona jurídica, también tiene sus derechos: pueden quedar en la esfera parasocial, pero si se escrituran su configuración como prestación accesoria jurídicamente los vigorizan.

1. *De atribución de los firmantes a la Startup* a la que procuran determinadas ventajas. (prestaciones de dar, de hacer o de no hacer). En el contrato entre fundador/es e inversores existen entonces estipulaciones en favor de tercero: "facultan al beneficiario a reclamar su cumplimiento, siempre que haya hecho saber su aceptación al obligado antes de que haya sido aquélla revocada por el oferente". (art. 1257 C.C.)

2. *Prestación de servicios* por los fundadores y personal clave a favor de la sociedad: "Yo inversor no entro en la Startup si no os comprometéis a hacer todo lo posible para que el proyecto salga adelante" y como anexo, se especifican las tareas que a cada uno corresponden.

Si de fundador se trata, el reforzamiento jurídico por la vía de la prestación accesoria estatutaria proporciona seguridad el supuesto (el incumplimiento involuntario es supuesto de *buena salida,* al contrario del voluntario, con los efectos correspondientes: la previsión en el pacto de socios implica las consecuencias de la *mala salida*: el precio a obtener por el infractor será inferior al del caso contrario —el valor razonable o de mercado—.

3. *Cláusula de no competencia* en relación con la actividad que realiza en la Startup.

Sin perjuicio del deber de lealtad *ex.*arts. 228 y 229 LSC, los obligados —también administradores— se comprometen en el pacto de socios a la no competencia; y también el personal clave en el contrato laboral o en el mercantil de prestación de servicios; la prestación accesoria correspondiente si el obligado es socio, completa el cierre de seguridad.

4. *Cláusula de exclusividad.* Si el alcance es total, plena dedicación, es distinto a si se permite realizar otros trabajos que no afecten a los intereses de la Startup (el exigirlo los inversores a fundadores y socios que en ella trabajen, es frecuente).

5. "Inversores: hace falta más capital". *Los acuerdos de financiación* y las "rondas puente" (para no entrar en el "valle de la muerte") Imprevisto o no, el tiempo entre dos rondas de financiación, escalamiento, exige a los inversores e incluso pueden ser terceros, que aporten dinero a cambio de una contraprestación, que será un préstamo o serán acciones o participaciones en futuras rondas (caso de E.E — Ley 28/2022— la financiación de ENISA se realiza vía préstamos participativos).

6. El SAFE ("Simple Agreement for Future Equity").

Frente a las *Notas convertibles* —préstamo que se convierte en acciones de la startup en el futuro, generalmente en la siguiente ronda de inversión— el Acuerdo Simplificado sobre Acciones Futuras que utilizó la Aceleradora estadounidense Y Combinator (Silicon Valley), es un acuerdo que otorga al inversor el derecho a recibir acciones en una futura ronda de financiación, sin generar intereses ni tener fecha de vencimiento: desde la perspectiva del inversor es más ágil que la nota convertible —ésta sí tiene la naturaleza de un crédito por lo que ofrece mayor protección— y en cuanto a los intereses de los fundadores evita el endeudamiento de la startup al postergar la entrada de los inversores en el capital inicial, a la vez que elimina el riesgo de que la startup se vea abocada a una situación de insolvencia si no logra levantar la en la siguiente ronda antes del vencimiento de la Nota, lo que hace al SAFE especialmente atractivo.

No hay que confundirlo con el KISS ("Keepit Simple Security"): sí incluye fecha de vencimiento, puede contener un interés e imponer la cláusula MEN - "Most favoured nation" (su creador, el fondo de inversión Startup 500).

6. *Transferencia de Ip&It*. Las características peculiares de la Startup tecnológica hacen que sea común el recurso a un concepto amplio de la expresión "transferencia de tecnología", al incluir todos los derechos de propiedad intelectual y los secretos comerciales relacionados con el modelo concreto de negocio. Estamos ante el acuerdo por el que los firmantes transfieren a la sociedad determinados derechos de propiedad intelectual y otros activos intangibles, reconociéndola como titular de todos los que surjan por la actividad que en la Startup se desarrolla en el marco de la relación laboral o mercantil que vincula a los obligados (dada la importancia de los negocios relativos a los activos intangibles de la Startup, los inversores tienen que aprobar todos ellos, ya que es materia sujeta a mayoría reforzada).

En cuanto a *los trabajadores*, es recomendable la estipulación de una cláusula que expresamente atribuya la titularidad de los activos intangibles a la sociedad, dentro del marco de la relación de empleo o de servicio (lo que en ocasiones también se vincula con la obligación de confidencialidad sobre el IP&IT de la compañía). Lo que expongo adquiere relevancia especial en los contratos de prestación de servicios cuyo objeto sea el desarrollo de software, ya que el art. 97 LPI sólo se refiere al trabajador asalariado y no incluye a los trabajadores independientes o "freelance"; desde luego el acuerdo tiene un contenido exclusivamente patrimonial (patentes, marcas y modelos de utilidad. El número de patentes en España va descendiendo paulatinamente, lo que revela la caída del nivel de investigación).

Por último, a fin de clarificar los aspectos sustantivos de mayor importancia en sede de Pactos de Atribución, señalo que la actual Ley de Secretos Empresariales distingue —aunque sin definir— el contrato de cesión y el de licencia de secretos empresariales. En aquél, el cedente, titular del secreto empresarial, transmite su titularidad al cesionario, obligándose a poner aquél en su conocimiento y permitiéndole su explotación, a cambio de que el cesionario satisfaga un precio cierto, en dinero o en otro signo que lo represente (el TS en la S. de 30-V-2002 ha dicho que "el cedente, titular, transmite el objeto del contrato al cesionario"). En el contrato de licencia, el licenciante autoriza el uso y explotación del secreto empresarial al licenciatario, durante un tiempo determinado o no, obligándose a ponerle en su conocimiento y sin perder el derecho sobre el mismo, a cambio de que el licenciatario satisfaga un precio cierto, en dinero o en otro signo que lo represente (P. MURUAGA HERRERO)[36] [37].

Es el licenciamiento la vía habitual de transferencia de tecnología desde las Universidades a las startups: la propiedad intelectual o industrial (PII) desarrollada en el seno de aquellas y el derecho a usar, desarrollar y comercializar la tecnología por las spin-offs, queda al menos apuntado.

7. La entrada de nuevos socios.

Es paradigmático el Protocolo Familiar. El PF siempre exige que el que quiera entrar, aparte de cumplir los requisitos que en cada caso se considere, haya de adherirse al protocolo, tiene que firmarlo. En la Startup *idem* y es que se trata de que el pacto sea omnilateral, de origen o a posteriori. De ahí que el socio que transmite

---

[36] "Contratos sobre secretos empresariales". Editorial Atelier. Barcelona, 2025 pág. 85.

[37] La materia en estudio, amplia y compleja, exige que por lo menos quede apuntada la importancia de la prestación accesoria, así: en cuanto a los secretos industriales, el Know-how, bien inmaterial, ¿es sin más susceptible de aportación social?: sin un soporte material (planos, diseños...), la vía de la prestación accesoria está abierta, en puridad con más seguridad que lo que es propiamente realizar aportación a capital.

¿Y las patentes?: no hay duda de su posible aportación a la sociedad, pero la complejidad de las invenciones actuales hace que —aunque no se haya pactado expresamente— el principio de buena fe *ex.*art. 1258 CC y art. 57 CdeCom, implique el deber accesorio del aportante de la asistencia técnica en sentido amplio, del titular de la patente, a fin de su adecuada explotación.

acciones o participaciones de la Startup *se comprometa a* requerir al adquirente para que firme el pacto de socios, a él se adhiera. ¿Forma éste parte de los pactos de Atribución? La cláusula que regula la entrada de terceros sí porque con la adhesión el adquirente asume concretas obligaciones que suponen ventajas para la sociedad (aportaciones adicionales en caso de inversores, prestación de hacer y de no hacer si son socios trabajadores, prestación de servicios, exclusividad, no competencia…) Apuntado queda; al tratar de la eficacia de los pactos de socios volveré sobre este punto.

8. Pactos parasociales y socios que *permanecen* en la Startup. La salida de algún socio, que integra un pacto omnilateral en beneficio de la sociedad ¿supone la desaparición sobrevenida de la causa, en el supuesto de que el nuevo socio no se adhiera al pacto? ¿está justificada la terminación del compromiso en este caso? Ejemplo significativo puede ser el pacto de sindicación de voto: el criterio del TS, últimamente, es el de que se mantenga el pacto omnilateral entre los socios y ello con total separación con la sociedad (pero sin olvidar que la vinculación no puede ser perpetua).

La interrelación entre los socios que siguen y el nuevo socio puede producir tensión, p.ej. si existe el pacto de "no cobrar dividendos durante…": si el nuevo socio no se adhiere a este pacto, el desequilibrio imprevisto ¿justifica la extinción del pacto parasocial? Previsión.

9. Centrándome exclusivamente en *el nuevo socio* es importante que el pacto sea omnilateral, de ahí que en la Startup (al igual que en las sociedades familiares), el socio que transmite acciones o participaciones se comprometa a requerir al adquirente para que se adhiera al pacto de socios.

XII. La salida a Bolsa con finalidad de financiación

La admisión de los valores de la Startup en el mercado bursátil no es frecuente, por lo que si se produce es porque su crecimiento, espectacular, es demostrativo de que "todo lo ha hecho bien". Ahora ya *Scaleup*, y posiblemente en vías de su transformación en SA.

1. Si se ha previsto la posibilidad, la cláusula reguladora de la salida a Bolsa ha de considerar que los medios protectores con que cuentan los socios inversores ahora no van a continuar, al salir a Bolsa la sociedad. Tampoco va a ser factible la activación de la cláusula de la liquidación preferente en favor del inversor por faltar la premisa, el evento liquidatorio.

2. La SL ha de transformarse en SA, por lo que han de canjearse las participaciones por acciones y éstas han de ser ordinarias a fin de excitar el apetito de nuevos inversores, por lo que si existen acciones privilegiadas ha de efectuarse la necesaria conversión.

3. Y hay que regular la preferencia en la venta de las acciones, en la Oferta Pública al mercado (OPV): hay variedad de cláusulas como muestra la práctica norteamericana, pero como expone quien la ha vivido *in situ* —GIMENO BEVIÁ—[38] en cualquier caso, la materialización de la OPV depende del banco de inversión en función de su oportunidad en base a criterios de mercado.

De hecho, ante el riesgo de que la compañía pierda valor por una venta apresurada de las acciones es frecuente que se pacte un período de bloqueo. Desde un punto de vista económico, que los fundadores o un inversor significativo desinviertan

---

[38] Op. cit., pág. 312. El autor últimamente citado pone de manifiesto que en la compañía tecnológica Indexa los socios pactaron un bloqueo de tres años con su salida al BME Gruwth en 2022.

de la compañía inmediatamente después de su admisión a cotización, probablemente genere una situación de incertidumbre que afectaría al valor de las acciones y dificulte la labor del banco de inversión, de ahí que suela fijarse un plazo inicial de bloqueo entre noventa y ciento ochenta días desde la salida a Bolsa. Incluso, como muestra del compromiso de los *insiders* con la compañía, a largo plazo puede que pacten su permanencia en la sociedad durante un tiempo superior, esto también por la importancia del mantenimiento de los fundadores y determinados socios como personal clave. En cualquier caso, en dicho supuesto normalmente permiten que lleven a cabo al menos desinversiones parciales.

XIII. La salida liquidatoria. El fracaso de la startup. ¿Qué dice el derecho concursal español?

El derecho italiano, con realista flexibilidad, tiene un procedimiento de reestructuración de deuda que excluye el concurso de acreedores, y aplica exclusivamente la normativa del sobreendeudamiento: así permite que las Startups sobrevivan a costa de mantener una estructura financiera muy endeble, pero con la esperanza de que arranquen, que empiece la fase de crecimiento que todo lo sanaría o por el contrario seguir los criterios aplicables a las sociedades ordinarias. En España se ha seguido en parte el modelo italiano: no se regula nada especial en cuanto a las Startups, pero sí hay reglas específicas respecto a la disolución obligatoria por pérdidas: la solución que ofrece tiene presente que las Startups generalmente tienen pocos acreedores y pocos activos, por lo tanto, estamos ante el llamado "concurso sin masa"[39]. Procedimiento que permite a los inversores poner término rápidamente a la Startup para reemprender sus actividades con otros proyectos (advierte VÁZQUEZ LÉPINETTE que no hay que presentar fuera de plazo la solicitud de concurso, el riesgo es que se declarara el concurso como culpable).

En definitiva, al Derecho español no le es indiferente el fracaso del emprendedor: siguiendo el modelo italiano, rebaja las exigencias de la disolución por pérdidas, y es que se permite que ésta, en el caso de una Empresa Emergente, tenga lugar no a los dos meses del cierre del ejercicio, que es la regla general, sino a los tres años desde su constitución, siempre y cuando no preceda el concurso (art.

---

[39]   Art. 37 bis T.R. Ley Concursal de 2020. La Ley 16/2022, de 5-IX, de reforma del T.R. de la Ley Concursal, ha instaurado el llamado Derecho Preconcursal: para procurar la reestructuración de empresas viables a fin de conseguir mantener la actividad empresarial, evitando o superando la insolvencia. *Vide*"La tutela de los socios en contextos de reestructuración de S.C". Marina VÁZQUEZ ESTEBAN. Tirant lo Blanch. Valencia, 2024.

13 LFEEE). En este sentido, dentro de lo que constituye el ámbito de aplicación de esta Ley ha sido mejor que no haya incorporado lo que preveía su Proyecto, que no permitía la calificación de empresa innovadora a más de tres intentos por el mismo emprendedor, penalizando injustificadamente a los emprendedores "en serie".

El autor ahora citado considera acertado que se siguiera en España el sistema italiano, que permite a la Startup que sobreviva, con débil estructura financiera, pero en espera de la rápida vuelta al crecimiento. Mientras tanto, se excluye el concurso y se aplica exclusivamente la normativa del sobreendeudamiento (igual razonamiento en definitiva en España se ha seguido durante la fase de la pandemia por el Covid-19: "se ha ganado tiempo, evitando la liquidación de empresas que son viables en condiciones normales de funcionamiento del mercado, en espera de la vuelta a la normalidad".

XIV. La eficacia de los pactos de socios. Su eficiencia

1. INTRODUCCIÓN

Se ha podido decir que "en Derecho todo lo que no sean efectos es literatura". En la LSC el art. 28 parte de que en base a la Autonomía de la Voluntad «en la escritura y en los estatutos se podrá incluir además todos los pactos y condiciones que….» y « los pactos que se mantengan reservados entre los socios no serán oponibles a la sociedad ». (art. 29).

¿Qué decir si los pactos de socios son *omnilaterales* en la Startup? ¿*Quid* respecto al principio de relatividad de los efectos de los contratos? ¿Y si se produce el trasvase de lo parasocial a los estatutos de la sociedad?

2. EFICACIA OBLIGATORIA (NO *"OBLIGACIONAL"*)

Las obligaciones nacen de los contratos (art. 1089 CC). Del pacto de socios, como de todo contrato, nacen obligaciones y "las obligaciones que nacen de los contratos tienen fuerza de ley entre los…" (art. 1091). ¿Y si alguna de las partes en la Startup no cumple sus obligaciones? El incumplimiento del pacto de socios recibe la regulación sustantiva del CC y la procesal de la LEC, además de lo que específicamente en sede de la Startup se haya convenido para reforzar el cumplimiento: estamos en la vía del *enforcement* que la doctrina (PAZ ARES, PÉREZ MILLÁN, GIMENO BEVIÁ…) considera, teniendo en cuenta que la figura en estudio lleva el sello anglosajón y los pactos que contiene requieren atención muy concreta dado los principios que los rigen, por lo que exigen precisión específica al conectar con el Derecho español; en definitiva se requiere profundo conocimiento de la materia, la propia de un experto.

1. Exigibilidad judicial del cumplimento: arts. 1096, 1098, 1099 CC y arts. 701 a 711 LEC.

- La obligación de dar puede ser de entrega a la sociedad de cosa cierta, o indeterminada, o de dinero (cumplimiento del acuerdo de financiación); cabe que haya accedido a los estatutos por la vía de la prestación accesoria: el uso o goce de bienes inmuebles, por ejemplo. La ejecución dineraria tiene en la LEC la regulación ex.art. 571 y ss; la de cosas, bienes muebles, inmuebles (con previsión expresa de los *okupas*), los art. 701 y ss constituyen el régimen procesal. Sin el reflejo estatutario, evidentemente no produce efectos frente al tercer adquirente de buena fe (art. 1257 CC).

- La obligación de hacer alguna cosa o prestar algún servicio: se tuvo en cuenta al tratar de los Pactos de Atribución a la Startup, y ello en cuanto a la prestación de servicios por los fundadores y personal clave, y se apuntó la vía de la prestación accesoria. BARBA DE VEGA, en los años 70, expuso que no estamos ante una relación laboral, que es exclusivamente social, aunque su objeto sea la realización de un trabajo (advierte del peligro que supone la utilización en fraude de ley) y resalta la importancia de acudir a la prestación accesoria de trabajo en caso de transformación de la Sociedad Colectiva en SRL, como medio de incorporar a ésta lo que antes era aportación de industria.

Llegados a este punto, hay que *considerar el supuesto de* prestación accesoria consistente en la obligación de celebrar determinados contratos con la sociedad y es que hay que establecer con exactitud el objeto concreto de la prestación accesoria. El autor ahora citado resaltó la problemática consistente en dejar claro el objeto concreto de la prestación: porque si el socio tiene la obligación de "suministrar" a la sociedad determinadas mercancías, o de "ceder el uso" de concretos locales, ¿estamos ante una prestación accesoria de dar o ante una obligación de hacer, de realizar un contrato de suministro o de arrendamiento con la sociedad? Y en este último caso, precisar si la obligación de hacer es una obligación social o no, es decir, si la conclusión de tal contrato deriva de una auténtica prestación accesoria o se trata de un precontrato realizado con el socio en cuanto tercero y unido tan solo formalmente al de sociedad. BARBA reconoce la complejidad de la cuestión, *recomendando que* en la escritura pública se establezca con toda precisión la naturaleza y el alcance de la obligación, porque la distinta configuración que se otorgue a la prestación accesoria influirá decisivamente en el régimen jurídico aplicable[40].

La temática con lo expuesto todavía no está totalmente perfilada: la distinción que se ha realizado, conceptualmente es clara, pero en la práctica pueden originarse dificultades ya que las prestaciones accesorias en estudio cumplen una función similar a la de los precontratos y —apunta BARBA de VEGA— que si en la escritura no se ha establecido con claridad el carácter de la obligación de concluir el contrato proyectado, *puede surgir la duda de* si realmente estamos ante una obligación de realizar un determinado contrato —una obligación social de contratar— o si se trata un precontrato, de una obligación no social e incluida tan solo formalmente en el contrato de sociedad. Para concluir, hay que apuntar que si se trata de una prestación accesoria consistente en la obligación de celebrar un contrato, el posible incumplimiento del socio no sería un simple

---

[40] Por ejemplo, ante el incumplimiento del socio, si la obligación se configura como prestación accesoria de dar, la falta de entrega de la cosa objeto de la prestación supone el incumplimiento de una obligación social, por lo que la sociedad podría incluso sancionar excluyendo al socio. Pero si la configuración de aquella es la de una obligación de contratar, una vez efectuado el contrato no procede la exclusión de la sociedad si el socio posteriormente lo incumple, y es que la obligación social —la prestación accesoria— sí que se cumplió al realizarse el contrato. Además, en este último caso el socio tendrá derecho a la contraprestación propia del contrato realizado y está sometido a las consecuencias que del mismo deriven, lo que no sucede si se trata de una prestación accesoria de dar, v.gr. de ceder del uso.

incumplimiento contractual (de un precontrato), sino que implicaría el incumplimiento de una obligación social con las peculiares consecuencias que de ello pueden derivarse (la posible exclusión del socio). Y no se olvide que si el objeto de la prestación accesoria es la conclusión de un contrato consensual, la mera aceptación por el socio y la sociedad de tal obligación implica ya de forma simultánea la percepción del contrato proyectado (o al menos de un precontrato) con la facultad por las partes de exigir su cumplimiento (DÍEZ PICAZO); lo que, a su vez significa el cumplimiento de la prestación accesoria[41].

- La obligación de no hacer, el art. 1098 *in fine* CC, considera que «se mande judicialmente que se deshaga lo mal hecho». Destaca el pacto de no competencia, así como el de confidencialidad y el de exclusividad (distinguiendo la total y la parcial; así quedó expuesto al tratar de los Pactos de Atribución a la Startup, de frecuente exigencia por los inversores a los fundadores y socios que en ella trabajan). La LEC —art. 710— prevé también la imposición de multas.

Y si las obligaciones producen beneficio o ventajas a la sociedad, el O.A. está legitimado para exigir el cumplimiento judicialmente: el pacto es una modalidad de Estipulación a favor de tercero, *ex.art.* 1257 CC.

2. Si legal o materialmente es imposible el cumplimiento *in natura* de la obligación incumplida, la acción de indemnización de daños y perjuicios la contempla el art. 1101 CC. Pero las particu-

---

[41] BARBA DE VEGA es, a mi juicio, el que ha tratado con mayor precisión la materia del texto: hablar de aportación de uso, o en general de uso de la cosa, dentro de este campo es inexacto. En el CC existe el derecho de uso, pero no es a éste al que se refieren los que lo citan en el campo mercantil: se trata de un usufructo, un arrendamiento, o incluso de un depósito en el que el depositante ha autorizado al depositario al uso de la cosa depositada. Esto es lo exacto, y no hablar "descolgadamente" de aportarción del uso (también el propietario tiene el *ius utendi*). José BARBA DE VEGA "La Prestación Accesoria" Ed. Montecorvo, 1976 pág. 54 y ss.

laridades ínsitas en los pactos de socios de la Startup, hacen que la prueba del daño *ex.art.* 217 LEC, como la realidad demuestra, sea complicada (la necesaria acreditación de la relación de causalidad): obligación de confidencialidad, el derecho de voto, a efectos de la actuación judicial ante la negativa del socio a ejercerlo, la concreción económica del daño caso del compromiso de financiación, la heterogeneidad de la obligación en las obligaciones de hacer, de no hacer. Todo ello lleva a considerar que lo práctico es prever modos de protección del crédito y especialmente la previsión que supone acudir a la cláusula penal (es lo que lleva a PAZ ARES a preguntarse, por ej. ¿cómo valorar el daño causado al socio al que, contra lo estipulado, no se le permite acceder al Consejo de Administración de la sociedad?). Son situaciones de "impracticabilidad" de la tutela resolutoria (TRIMARCHI).

3. La Resolución del contrato. Con aplicación de lo pactado y en último caso considerando el régimen de la sociedad civil (no así el art. 1124 CC, por no encajar en el caso de pacto parasocial el sistema del sinalagma contractual o civil de una obligación propia de los contratos bilaterales): hay que considerar la previsión de cláusulas de salida (la buena y la mala salida); el *exit*, la prohibición de la vinculación perpetua, la denuncia *ad nutum* en base al art. 1705 CC (señalando GIMENO BEVIÁ que por la práctica judicial es recomendable fijar en los pactos una duración determinada). En relación con lo dicho, está la denuncia ordinaria *ex.art.* 1705, el derecho potestativo del 1707 CC ("el justo motivo, como el de faltar uno de los compañeros a sus obligaciones…"), el acudir a la separación o a la exclusión del socio… Pero una vez más la realidad demuestra que los dos corceles —pacto parasocial y Startup— hacen que el auriga que los rige, acabe acudiendo a otro medio de protección de los intereses en tensión, a otro más eficiente.

4. Mas medidas protectoras consecuencia de la peculiaridad de la figura en estudio.

4.1. La Cláusula Penal. Ya citada, ante la insatisfacción práctica de las medidas protectoras tradicionales.

Con lo dicho ahora, cabe afirmar que la Cláusula Penal es el medio idóneo. Y es que ya previamente la realidad demuestra lo complicado que resulta asegurar al acreedor las consecuencias del incumplimiento.

"Falta de cumplimiento". Facultad judicial de modificar equitativamente la pena: conforme al CC "cuando la obligación principal hubiera sido en parte o irregularmente cumplida por el deudor" (arts. 1152 y 1154). Pero la jurisprudencia es clara: lo anterior no es posible si se ha previsto la Cláusula Penal caso de cumplimiento deficiente, parcial, o retardado; de ahí la necesaria precisión en la delimitación de cada obligación y su específico incumplimiento.

Y más. Conforme art. 1153: «El deudor no podrá eximirse de cumplir la obligación pagando la pena, sino en el caso de que expresamente le hubiese sido reservado este derecho. Tampoco el acreedor podrá exigir conjuntamente el cumplimiento de la obligación y la satisfacción de la pena, sin que esta facultad le haya sido claramente otorgada.»

4.2. Existe una modalidad de Cláusula Penal que consiste en un remedio adicional a la prestación pecuniaria: la obligación de vender el incumplidor por precio muy inferior al valor de mercado o la obligación de comprar el deudor, en contra de su voluntad, por un precio superior al valor de mercado. Es habitual en los pactos de socios; en este caso la opción de venta —"put option"— no es el más elegido en la práctica por los socios cumplidores.

Con las características expuestas, estas ventas forzosas (por precio punitivo) no pueden —a diferencia de la Cláusula de Arrastre o de la de Acompañamiento— acceder a los estatutos.

Por último hay que apuntar que son los incumplimientos graves (así, acuerdos de voto, concretos pactos de atribución que son atribuibles a la dedicación del fundador, o la transgresión del deber de confidencialidad o de la no competencia) los que llevan especialmente a establecer el pacto protector en estudio. Éste tiene que contener el procedimiento de notificación al incumplidor, la advertencia de las consecuencias, así como las condiciones para el ejercicio de la opción de compra o de venta.

4.3. Poder de representación a un socio, arts. 183 SRL y 184 SA. Cabe igualmente la transmisión de una parte mínima de las acciones o participaciones al representante: el art. 126 LSC exige que sea una sola persona la que ejercite los derechos de socio o también se puede acudir al usufructo de acciones o participaciones con derecho al ejercicio de voto por el usufructuario, plasmado en los estatutos. Y también la prenda, a la que es habitual acudir si se trata de pactos parasociales.

4.4. ¿Constituir una sociedad holding, tenedora de las acciones o de las participaciones de la Startup, y el órgano de administración con derecho al ejercicio de voto, sin limitación externa? Solución compleja y en exceso burocrática.

4.5. ¿Pacto de fiducia interna y socio externo con legitimación para el ejercicio de los derechos políticos? (Negocio fiduciario que ha sido depurado, lejos por tanto ya del enfoque germánico del doble efecto —REGESERBERGER—). Con todo existe el riesgo de la extralimitación del síndico, la declaración del concurso sobre el fiduciario, la venta de las acciones o participaciones a un tercero… Es demasiado complejo acudir a este medio en el supuesto presente.

3. LOS PACTOS DE SOCIOS. EFICACIA SOCIETARIA. LO PARASOCIAL Y LA PERSONALIDAD JURÍDICA. LOS ARTS. 28 Y 29 LSC

1. Si alguno de los firmantes del pacto lo incumple y existe un pacto de atribución a favor de la sociedad (por ej. financiación suplementaria), al existir una estipulación —un contrato— a favor

de tercero *ex*.art. 1257.2 CC, éste "una vez hecho saber su aceptación al obligado antes de que se produzca la revocación" exige su cumplimiento. El pacto parasocial se ha introducido por lo tanto en la sociedad por la vía expuesta.

En otros supuestos ya será necesario el trasvase a los estatutos. La recomendación de que siempre que sea factible así se haga, la repito una vez más.

2."*El rigor de la calificación registral y las limitaciones del art. 28 LSC*" (expresión de GIMENO BEVIÁ).

La realidad es la que es, al menos en el sentido de que en ocasiones ante lo que se considera nuevo y que por su tecnicismo o complejidad no se entiende, no se profundiza, se deniega la inscripción y existe un problema de fondo sustantivo que queda sin respuesta.

Centrándonos en las Startup, durante el Congreso Nacional de Derecho de Sociedades, Málaga, febrero, 2022, Ubaldo NIETO CAROL, al exponer su ponencia, citó la Resolución DGSJFP de 26-VI-2018: escritura pública acerca del acceso al Registro Mercantil de un Protocolo Familiar por la vía de *la prestación accesoria*. Al llegar al turno de audiencia pedí a Ubaldo que se explayara en el supuesto de hecho que motivó el enfoque notarial, la calificación registral denegatoria y la Resolución citada. Tras hacerlo, tuvimos un cambio de impresiones ante lo novedoso de la cuestión llegando a la conclusión de que la vía seguida, al considerar la aplicación de la *prestación accesoria* consistente en la aplicación dicha al *complexus* del pacto de los socios era jurídicamente correcta y el trasplante parasocial-social consigue que la *voluntad* de los interesados, su propósito en el caso real concreto, se realice en armonía con los arts. 28 y el 29 LSC. Flotó en el aire la rigidez, el rigor en demasiados supuestos reales de las calificaciones registrales, paralizantes de respuestas jurídicas correctas a problemas reales[42].

---

[42]   En mi actuación profesional *nunca* he recurrido contra una calificación registral denegatoria: estudiada la temática, antes de autorizar, si lo he considerado,

4. FRENTE A FRENTE: PARTE DE LA DOCTRINA VS. TRIBUNAL SUPREMO

Hay que considerar *el supuesto de identidad total* entre los firmantes del pacto parasocial y los socios: cuando el pacto es universal, la sociedad no puede considerarse tercero ajeno e independiente y el pacto omnilateral ya no es "res inter alios acta"… (criterio doctrinal mayoritario).

¿La postura del TS? Ambivalente hasta llegar a la Sentencia de 7-IV-2022, la que brinda la oportunidad para profundizar en la temática por su importancia práctica. Resume María del Mar BUSTILLO SÁIZ al comentarla: "el art. 29 LSC sienta la eficacia de los pactos parasociales entre los socios que lo suscriben pero no frente a terceros, teniendo en cuenta la consideración de tal tercero la sociedad, a pesar de su instrumentalidad respecto de los fines de los socios y de la coincidencia subjetiva de todos ellos en el pacto omnilateral y en la sociedad, lo que determina la inoponibilidad del pacto respecto de la sociedad. Para el TS *no existen razones que justifiquen* en estos casos excepción alguna a la eficacia relativa del pacto parasocial, salvo que contenga estipulaciones a favor de terceros, lo que suele suceder con los pactos de atribución, mientras que los de organización sólo tienen relevancia respecto de la impugnación de acuerdos: bien cuando se infringen por el acuerdo social, bien cuando en el acuerdo actúa el contenido del pacto parasocial, determinando ello la invalidez del acuerdo que, por respetar el pacto, vulnera normas estatutarias o incurre en otras causas de impugnación, circunstancia que de nuevo pretenden aprovechar algunos socios a costa de incumplir el pacto, impugnando el acuerdo. Para el TS, en uno y otro caso *solo la infracción de* la exigencia de buena fe en el ejercicio de los derechos por parte del socio incumplidor del mismo, la interdicción del abuso de derecho o la doctrina de los

---

he hablado con el Registrador. El sistema es el que es y la misión encomendada por la sociedad, pienso, es que se atienda, se estudie la problemática y se trate de solucionar. Así de claro y ¿así de complejo?

actos propios ofrecen un cauce excepcional y por tanto restrictivo para la relevancia social del pacto".

Después de la Sentencia, algunos autores se han mostrado conformes, mientras la mayoría discrepa, en base al carácter instrumental de la personalidad jurídica de la sociedad ante la omnilateralidad del pacto de socios (NOVAL PATO, PAZ ARES…)[43]

Lo evidente es que, *al igual que respecto a* los Protocolos Familiares, en los pactos de socios la vía que ha marcado la Resolución de 26-VI-2018, acudir a la prestación accesoria, constituye la solución jurídicamente correcta a una cuestión enquistada. Ciertamente la aplicación a la exclusión legal en el caso de las Startup puede llevar a la consideración del "precio no justo", inaplicable en la realidad por falta de liquidez, pero en lo posible, la previsión evitará problemas en caso de conflicto (no se olvide que el art. 11.2 de la Ley FEEE, abunda en lo que puede entenderse la solución justa).

5. LA PRESTACIÓN ACCESORIA Y EL CUMPLIMIENTO DEL PACTO DE SOCIOS: LOS ARTS. 86 A 89 LSC

La Resolución citada de 2018 dice: "la obligación en que consiste la prestación accesoria, en el presente caso, está perfectamente identificada mediante su formalización en la escritura pública que se reseña, de suerte que su íntegro contenido está determinado extraestatutariamente de manera perfectamente cognoscible no solo por los socios actuales que lo han aprobado unánimemente sino por los futuros socios, que al adquirir las acciones quedan obligados

---

[43] El TS, en sentencia de 25-II-2016 declaró contraria a la buena fe la conducta del socio que impugnó el acuerdo social que daba cumplimiento al pacto de socios que él había firmado. Por lo tanto, si el socio renunciante *ex* art. 348 bis LSC pretende separarse, existe falta de buena fe, abuso de derecho … (art. 7 CC). El enfoque, pienso, es jurídicamente impecable, como también el criterio doctrinal de acudir a la impugnación del acuerdo social contrario al pacto parasocial omnilateral.

por la prestación accesoria cuyo contenido es estatutariamente determinable —ex art. 1273 CC— en la forma prevista (y es que la Resolución considera que se ha cumplido así la exigencia legal de que "el contenido de la prestación accesoria ha de quedar expresado de forma concreta y determinada", lo que para algunos autores no es cierto).

En la línea de la Resolución está el ya citado art. 11 de la LFEEE en cuanto a las Empresas Emprendedoras que son SRL: "es posible que los socios inscriban las cláusulas estatutarias que incluyan una prestación accesoria de suscribir las disposiciones de los pactos de socios en las Empresas Emergentes, siempre que el contenido del pacto esté identificado de forma que lo puedan conocer no solo los socios que lo hayan suscrito sino también los futuros socios".

En último término, la Resolución de 11-XI-2024 confirma lo que acabo de exponer: el Registrador Mercantil II de Sevilla carga contra la argumentación fundamentadora de la R. de 2018, incluyendo en la calificación que "en la reciente se utiliza la trampa argumental…". Me pregunto, ¿se está o no en la senda de tratar de resolver los problemas reales exclusivamente con argumentos jurídicos y soluciones jurídicas?

Sí que está en lo jurídico Ricardo CABANAS cuando —con ocasión de la conferencia que pronunció el 23-III-2023, en el I. Colegio Notarial de Madrid— al comentar la ley de creación y crecimiento de empresas, ha considerado novedosa y excepcional la posibilidad de que los pactos entre socios en la SL sean inscribibles y gocen de publicidad registral "si no contienen cláusulas contrarias a la ley".

XV. La startup, motor de la economía

(*Actualidad Económica*, "El Mundo" 13-VII-2025)

En la carrera por innovar, las Startups no sólo compiten por tener la idea más disruptiva, sino también por lograr el impulso que les permita escalar. Ese empujón llega, a menudo, en forma de una operación que combina capital, estrategia y confianza, una inversión que apuesta por el futuro antes de que llegue.

Estas apuestas se articulan en rondas de financiación: procesos en los que las Startups captan fondos a cambio de una participación. En 2024, según el Observatorio Bankinter, la inversión en Startups españolas creció un 36%. No hubo más operaciones, pero sí más ambiciosas. Fue una señal de madurez del ecosistema español.

Del garaje al mercado global, las Startups avanzan por etapas y su financiación, también. Primero llega el capital semilla, cuando apenas hay un producto y el riesgo es máximo. Luego vienen las rondas de serie A, B, C, pensadas para consolidar el modelo de negocio y escalar. Pero dar ese salto no siempre es sencillo. "El problema no es la estructura, sino los valores que se manejan y la profundidad del mercado", explica M. Carenzo, profesor del IESE y *business angel*. Faltan inversores con músculo financiero y operaciones de salida (como salidas a Bolsa). Hace falta más capital y más apetito inversor en las series A y B para que las empresas españolas puedan escalar como en Alemania o en Francia.

Valga como dato que España ya es el séptimo mercado europeo en volumen de capital riesgo, según *Spain Tech Ecosystem Report 2025*. Sin embargo, las rondas de más de 100 millones aún escasean y sólo captan el 32% de la inversión total, muy por debajo de otros ecosistemas más consolidados.

Pero, ¿quién pone realmente el dinero? En las primeras fases, mandan los *business angels* y pequeños fondos locales, aunque muchos prefieren esperar a que la empresa madure.

Muchas Startups caen en el llamado *valle de la muerte:* una fase en la que urge el capital, pero aún no son lo bastante atractivas para el inversor privado.

Lo cierto es que la llegada de los fondos europeos y la mayor apuesta pública por la innovación han impulsado el crecimiento del ecosistema emprendedor en España. Sin embargo, "el capital privado sigue siendo esencial para escalar estas soluciones", advierte Juan López, socio de Kibo Ventures, fondo de capital riesgo español especializado en Startups tecnológicas. Según explica, "hay un apetito inversor creciente hacia proyectos innovadores". En su caso, más del 80% de los inversores repite en fondos posteriores.

A su juicio, el ecosistema ha madurado "de forma clara" durante los últimos años. "Vemos más proyectos con ambición global desde el inicio, equipos más profesionales y fundadores en serie que están lanzando su segunda o tercera Startup", señala. El fondo suele entrar en fases tempranas, con vocación de acompañar a largo plazo. "Más allá del capital, aportamos apoyo estratégico, conexión con otros emprendedores y asesoramiento operativo real", resume el socio de Kibo Ventures.

Esa cercanía cobra aún más sentido en los sectores que hoy marcan el pulso del ecosistema. "Hay una evolución clara hacia verticales como la *deep tech*, salud digital, inteligencia artificial y ciberseguridad."

XVI. Un final sin final

Hace poco un buen amigo, ante lo que leía de lo que yo estaba escribiendo y conocedor de la admiración que profeso a RAMÓN Y CAJAL, me preguntó, ¿de aquí a 2030, qué prefieres: que algún científico español obtenga el Nobel o que el espíritu innovador aumente de tal manera que nuestras vocaciones emprendedoras destaquen a nivel mundial?

"Prefiero las dos". De aquí a cinco años, confío en que haya por lo menos un científico español nuevo Nobel y además que la imaginación, la innovación creativa hispana gane músculo, "sin grasa". Y ello a pesar de la falta de apoyo, de estímulo real al emprendimiento, a la innovación (e incluyo a la normativa jurídica, que en general, desincentiva más que estimula, desorienta más que encauza, complica más que facilita) y tampoco se está sobrado de magisterio, y sí de la errónea enseñanza "pantalla", y de Inteligencia Artificial: pido —con Edison— "un uno por ciento de inspiración y noventa y nueve por ciento de transpiración" y con "el gran Cayal" (como dijo un ministro francés a su homólogo español, que no le supo responder cuando aquél le preguntó "qué hace ahora el gran Cayal"): "urge cultivar…nuestro cerebro, salvando para la prosperidad y enaltecimiento patrios todos los ríos que se pierden en el mar y todos los talentos que se pierden en la ignorancia" (Madrid, 1 de mayo de 1922), S. Ramón Cajal.

VÍCTOR M. GARRIDO DE PALMA

Bibliografía específica

AECA Ponente: RODRÍGUEZ ANTÓN, M.: "La toma de decisiones en la empresa". Junio, 2002.

ALVARADO MOYA, P. A.: "El gobierno corporativo desde la perspectiva de los startups. Comunicación". Encuentro Iberoamericano de Derecho Mercantil. Valencia. 7 y 8 noviembre, 2024.

BARRIO DEL OLMO, C. P.: "Conciliación privada ¿mediación "low cost"? El Notario del siglo XXI. Nº 123.

CAMPS, V.: "La sociedad de la incertidumbre". Arpa. 2025.

COHEN W. A: "En clase con Drucker". Editorial Granica, 2008.

DARON ACEMOGLU y SIMON JOHSON: "Poder y Progreso". Ediciones DEUSTO, 2023.

DRUCKER, P.: "Drucker esencial". Edhasa, 2003.

EMPOLI LUCIANO DA: "La hora de los depredadores". Seix Barral, 2025.

GARCÍA VIDAL, A.: "Las instrucciones de la JG a los administradores de la SRL". Aranzadi, 2006.

GARRIDO DE PALMA, V. M.: "La Startup" 2025. Edición privada, no venal.

Idem: "La familia empresaria y los protocolos familiares". Consejo General del Notariado. Aranzadi, 2019.

Idem et alter: "Los artículos 1406 y 1407 del Código Civil". Premio de Investigación del I.C. Notarial de Oviedo. Ed. Reus, 1985.

GIMENO BEVIÁ, V.: "El pacto de socios en las Startup" Tirant lo Blanch, Valencia 2024.

F. LEFEBVRE "La Startup". Madrid, 2025.

Idem: "Claves para la elección del tipo de sociedad: SRL- SA (no cotizada). Madrid, 2024.

HANS VAN DER LOO y P. DAVIDSON: "Elon Musk. El gurú del capitalismo del siglo XXI". Profit. 2025.

KAUFMANN, A. y HASSEMER, W.: "El pensamiento jurídico contemporáneo". Ed. Olejnik. 2018.

LEHMAN, L.: "Cambia la economía y cambiarás el mercado". Compecer, 2025.

MARCUS, G.: "Frenar a Silicon Valley". Shackleton, 2025.

MARTÍNEZ-ECHEVARRÍA, M. A.: "Evolución del Pensamiento Económico". Espasa-Calpe. Madrid, 1983.

MOCHRIE Robbie. "Cómo pensar como un economista".

MURUAGA HERRERO, P.: "Contratos sobre secretos empresariales". Atelier. Barcelona, 2025.

OPPO, G.: "I contratti parasociali". Milano, 1942.

ORTEGA GIMÉNEZ, A.: "La participación de inversores en START-UPS y sus problemas jurídicos". Colex. 2025.

PÉREZ RAMOS, Carlos: "La autonomía de la voluntad en las Sociedades de Capital". Revista jurídica del Notariado, 2016.

REYES LÓPEZ, Mª J. y CÁMARA BARROSO, C.: "Contratos civiles". 2ª edición. Tirant lo Blanch. 2025.

ROBBIE MOCHRIE: "Como pensar como un economista. La esfera de los libros. 2025.

ROBERTSON, D. y LINEBACK, K.: "El poder de las pequeñas ideas". PROFIT. 2019.

SCHUMPETER, J. A.: "The Theory of Economic Development". New Brunswich, 1934.

Idem. "Capitalismo, Socialismo y Democracia" 1950.

SHACK Marcus (Gary). "Frenar a Sillicon Valley". 2025.

SOLANS CHAMORRO, L.: "Contratos entre socios y Starutps". Actualidad jurídica. Uría Menéndez, 2019.

VACLAV SMIL: "Invención e innovación". Arpa. 2025.

VAN DER LOO y P. DAVIDSON: "Elon Musk. El gurú del capitalismo del siglo XXI. Profit. 2025.

VÁZQUEZ ESTEBAN, M.: "La tutela de los socios en contextos de reestructuración de sociedades de capital". Tirant lo Blanch. 2024.

VÁZQUEZ LÉPINETTE, T.: "Aspectos contractuales de las Startups". Tirant lo Blanch. Valencia, 2023.